会社はあなたを育ててくれない

古屋星斗
Furuya Shoto

「機会」と「時間」をつくり出す働きかたのデザイン

大和書房

はじめに　——変わってしまった世界で

ここに二人の若い社会人がいます。

Aさん

異動先での仕事が、全く面白くないんです。なぜ会社が自分をその部署に行かせたのか、自分じゃなくていいんじゃないのか、と正直腹が立ちます

Bさん

今の部署に行きたいと強く希望して異動しました。でも、やってみるとその仕事が大変で。自分には向いていないんじゃないかと思うこともあります

はじめに

二人とも今の職場の仕事が自分に合っていないのでは……と思っていました。しかしその戸惑いの気持ちの行き先の違いは、現代の環境がもたらす、ある種の〝残酷さ〟を象徴しているように感じます。

話は変わりますが、プロジェクトXという往年の名番組があります。

2000年から開始されたシリーズ（2024年から開始された新シリーズではありません）で、私含む多くの人の記憶に残っている回に黒部ダム建設にまつわる現場の試行錯誤の話がありました。昭和の頃の信じられないような努力や発想（ブルドーザーで雪山を登って滑り下ろす（！）など）が詰め込まれたこの回のなかでも、特に私の記憶に残っている言葉があります。建設の責任者の立場にいた方が番組制作当時、インタビューに答えてこう話していたのです。[1]

今思うとメチャクチャやっていた。ちょっと今やろうとしても、できないでしょうね時を現代に戻して、とある総合商社2年目の男性。今の仕事と自身のキャリアについてこんな話をしていたことが印象的でした。

活躍している先輩たちの若い頃の話を聞く機会がたまにありますが、うらやましさを感じちゃうことがあります。昔のほうが良かったとは全く思いませんよ。でも、とんでもない規格外の修羅場に放り出されて自分の限界を超えた仕事ができた、という話がポンポン出てきて、それがキャリアの原点になっていると。そういう経験が仕事でできたことはうらやましいですが、ちょっと今やろうとしても、できないですよね

さすがに黒部ダムを造るような成果を求めていないにしても、**「ちょっと今やろうとしても、できない」ことが増えた**と感じませんか。

日本の職場はこの10年ほどで急激に変化しました。その影響を最も受けたのは若手社会人です。若手（24歳以下）の労働時間は、なんと2023年までの10年で13・9％も減っています。45～54歳の社会人は4・8％しか減っていないのに、です。

また、課長級管理職への調査では、若手育成の課題感について最も多かったのは「自分の頃と同じように育てられない」でした。マネジャーのみなさんが昔育てられた頃のような育て方は、もうできないのです。これからキャリアを作っていこうとしている若手のみなさんも、昔のような育ち方はもうできないのです。

〝石の上にも三年〟で、〝修羅場〟が職場で起こって、〝ＯＪＴ〟で土日なく深夜まで、〝同じ釜の飯を食べて〟鍛えられる……。我慢さえすれば会社が育ててくれた職場環境はもうありません。その理由は、「会社の空気が変わった」とか「上司の価値観が変化した」といったふわっとしたことではなく、労働法改正という明確な理由による不可逆な変化なのです。もちろんそれはとても良い変化です。理不尽な指示も、ムダな残業も、なくなったわけですから。しかしそれは、**社会人がこれから歩んでいく職業人生＝キャリアの最初の一歩目を踏み出すために必要なもの（質的負荷）が、自動的には会社や職場から提供されなくなった、**ということでもあります。

あれこれとお節介のように会社が良い機会をどんどんくれるわけではなくな

った、ということです。

会社の理不尽な異動命令や〝ガチャ〟などが徐々になくなることで、これまでなら「会社のせい」にできていたことが、「自分の意志」の結果となる。「自分で選べる」ことがもたらす「会社のせいにできない」という変化の残酷さについて考えるとき、この「はじめに」の冒頭のBさんの話が思い出されます。ある意味で会社のせいにできているAさんと比べてどちらが楽でしょうか？


この仕事をしていて、自分ならではの人生を歩めるのだろうか

友人と比べて差をつけられているように感じる

この会社でしか通用しない人間になってしまうのでは

会社のせいにできない環境が、こうした不安や焦りを生んでいます。

本書では最新のデータを元に、現代の働きかたのデザインの特徴を明らかにしていきます。**働きかたのデザイン**（キャリアデザイン）**の難度は、この10年ほど**

で一足飛びに上がってしまったと思います。

難しくなってしまった理由は「選択の回数が増えた」ということと、「ゆるい職場の登場」の二つで、しかもこの二つの相性が悪い（特に社会人になりたての人にとって）ことにあります。詳しくは本文で話します。

ただ、新たな環境のなかで従来どおりの働きかたのデザインをしていては、社会人として「なにもの」にもなれず、そして「ありのまま」でもいられないのではないか、と研究を進めるなかで痛感していることが本書の執筆の強い動機になっています。結論から言うようですが、そこで私が本書を通じてみなさんに提唱するのが、**「寄り道」と「近道」の働きかたのデザイン**です。その全容はこの1冊を通して、社会的背景から、データ、鍵となるポイント、そして実際のデザイン手法へと徐々に明らかになっていくつくりになっています。

新しい時代の「安定したキャリア」をどう作るのか。あなたの次なるアクションのために、変わってしまった世界のなかで働きかたのデザインに必要な知識を提供します。

002 はじめに　――変わってしまった世界で

Chapter

1 会社はあなたを育ててくれない

019 「素人をイチから育てる」はイノベーションだった
022 二つの転機、「就職難」と「ブラック企業」
027 可視化された「働きやすさ」
030 ゆるい職場の登場
032 もはや別の国
037 「ゆるい若者」という幻想
041 仕事観は多様化している
044 食い違う、時間の余白と心の余白
047 では、誰が育ててくれるのか

Memo

- 日本の“働く環境”はこう変わってきた
- 今は“どう働いていけばいいのか”が難しい時代
- 「ゆるい職場」は実はシビア
  誰も私を育ててくれない、育てられない

Chapter
2
「選択できる」ことは幸か不幸か

054 日本の働きかたのデザインを変えた2冊
056 選択のタイミングは何回あるのか
061 「退職という選択」の肯定
063 選択回数が増えることの意味
❶選択のタイミングの早期化 ❷選択権の問題
❸サバイブによる満足感 ❹運の要素の低下
067 「選択」はいつ来るか
069 運の要素の低下とその残酷さ
073 「知人に差をつけられる」不安
075 「新しい安定志向」の登場

Memo

- 会社が変わった 私たちはどう変わる？
- 転職はあたりまえ
  副業、学び直し、ライフイベント…、
  全て自分に選択権
- 「この会社にいていいのだろうか」
  誰しも感じる不安と焦り

Chapter
3
自分らしさと成長を両立するために

078 矛盾する二つの気持ちの共生関係

Chapter

4 三年いても温まらない

082 「ありのまま」と「なにものか」のグラデーション
087 矛盾するあり方、それぞれに必要なもの
089 「なにものか」になるために必要なもの
❶職場の心理的安全性 ❷職場のキャリア安全性
❸仕事の質的な負荷
091 「ありのまま」でいるために必要なもの
❶フィットした労働環境 ❷ライフキャリアへの支援
❸相互理解
095 1万時間の法則と最低必要努力量
097 「1万時間」の意味が変わった
099 崩壊した「石の上にも三年」
102 新しい働きかたへのクエスチョン

Memo

- 現代の働きかたのデザインが難しい理由
- 「ありのままでいたい」と「なにものかになりたい」の矛盾
- まずは自分を知ることが大事

Memo

- キャリアは会社の枠を越えてつくるもの 成長の場は会社に見つからない？
- 「ネトフリ観ててもいい時間に努力する」というタフな時代
- 新しい働きかたのデザインのアプローチが絶対必要

Chapter 5

巨人の肩の上に乗る

106 巨人たちのキャリア理論
◆特性因子理論 ——マッチングの問題
◆ライフキャリア・レインボー ——人生は本業の仕事だけではない
◆キャリア・アンカー ——自分にとって本当に大切なもの
◆4S ——変わることを活かす

114 近年のキャリア理論
◆プロテアン・キャリア ——強さとは変われること
◆キャリア・ドリフト ——まわりに流されることの意味
◆計画的偶発性理論 ——きっかけを逃さないために
◆サステナブル・キャリア ——未来のために、過去をデザインする
◆越境学習論 ——ホームとアウェイを往復する

123 環境に応じてキャリア理論が生まれる

Chapter 6

スモールステップを刻む

126 かみなりがこわくなくなるかいだん

Memo

☑ やみくもに考える前に、使える理論がある

☑ 働きかたのデザインを今の時代にカスタマイズしたら…

Chapter

7「キャンペーン」の集合でつくる

127 情報か、行動か
131「情報だけ」より「行動だけ」
134 普通にしていたら行動も情報も減っていく
136 スモールステップの発見
139「やりたいこと探し」より大切なこと
142 小さな行動が持つ大きな意味
145 五つの小さな行動
❶自分のやりたいことをアウトプットしてみる
❷背中を押してもらい、パワーをもらう
❸目的を持って探ってみる
❹試しにやってみる
❺体験を自分のものにする
155 意味づけ
157「言い訳」から始めてみる
160 まず「探索者」になる
164 ライフキャリアの全体と部分

Memo

- ここから実践的な考えかた、動きかた!
- 情報量より行動量
  大きな目標より小さなステップ
- とるに足らないステップに、言い訳と意味づけを

Chapter

8

“合理性”を超えるために

167 キャリアは同時並行につくられる
169 キャリアの仮面
172 満足度とつながる「キャリアの仮面」スコア
174 「キャリアの仮面スコア」が高い人はどんな人？
176 仮面はあなたを後押しする
180 ポジティブ・スピルオーバー
184 自律と熱意
185 キャリア自律の弱点
187 「仕事を楽しもうとするのはムダだ」
190 楽しまない者たち
193 「仕事はつらいもの」は悪ではない
197 「楽しめるか」と成果は別
198 逆説的成果主義？

Memo

- 「キャリア自律」「目標へ最短ルート」それに弱点がある、という話
- 熱意とパフォーマンスは切り離せるかもしれない
- 「楽しめない」「熱意がない」でも切り捨てる必要はない

Memo

- キャリアを1本で考えない集合体で1つのキャリアをつくる
- 自己分析でよく言う「自分のコア」「人生の一貫性」は本当に必要か
- いくつもの自分を持ち合わせてていい、むしろプラス

Chapter

9

「組織との新しい関係」を築く

202 熱意とパフォーマンス、そのいくつかのタイプ

207 キャリア自律にひとつまみ加える

212 「育てると辞めてしまう」という根源的恐怖

214 会社とゆるくつながる

219 徐々にシフトするという個人の戦略

222 コミットメントシフトの知られざるメリット

228 外を見るほど、自社が好きになる

232 ライフスパン・コミットメント

235 組織と対話する

238 「なぜ、今の会社を辞めないのか」

241 辞めない理由の稀少性

Memo

- 広がっていく「辞めるか残るか」のゼロイチではない考えかた
- 転職の未来形、「会社とゆるくつながる」「徐々にシフトする」
- 「なぜ今の会社を辞めないのか？」を考える

Chapter

10

「新しい安定」を実現する働きかたのデザイン

新たな環境を活かす 248

2回目のイノベーション 249

「寄り道」と「近道」でつくる働きかたのデザイン 251

❶寄り道　小さく、始める：スモールステップ 252

❶-1　今の環境でできるアクションから

❶-2　ゴールテープを張る

❶-3　代理指標を見つける

❶-4　情報を遮断する

スモールステップについての補足

❷近道　同時並行でつくる：キャリア・キャンペーン 257

❷-1　キャンペーンを(再)発見する

❷-2　方針を決める

❷-3　自分にとってのホームとアウェイを定義する

キャリア・キャンペーンについての補足

❸近道　意味づける：センシング 264

❸-1　意味づけパートナーを(勝手に)アサインする

❸-2　岡目八目

センシングについての補足：現在によって過去を変える

Memo

- すべてを踏まえて、今の時代の働きかたのデザインの具体的な方法
- 近道と寄り道、両方のアプローチを

268 ❹寄り道　ずらしてつくる：コミットメントシフト
❹-1　気持ち・時間・お金のポートフォリオをつくる
❹-2　理想のポートフォリオをつくる
❹-3　余白にスモールステップを組み込む
コミットメントシフトについての補足
272 良い方向に変化しているか確認するチェックポイント
✓チェックポイント① 言い訳資本ができたか
✓チェックポイント② 共感と違和感
✓チェックポイント③ 不安や焦りを適度に感じたか
✓チェックポイント④ 焦りを感じる対象
280 「選択×ゆるい職場」時代の働きかたのデザイン
287 おわりに
293 注釈

Chapter 1

会社はあなたを育ててくれない

この本を読んでいるあなたに最初に聞きたいのは、今が何時代なのかということです。江戸時代なのか、高度経済成長期なのか、バブルの頃なのか、リーマンショックの頃なのか、それとも令和なのか。

自分がどんな職業社会・どんな環境のなかで働いていくのか、ということを考えたことがあるでしょうか。

働きかたのデザイン（キャリアデザイン）をするうえで、自分をとりまく環境への理解はとても大切です。なぜならば、**環境によってあなたが取り得る選択肢や有効な手段、効果的な打つ手や避けるべきリスクといった前提が大きく異なる**のですから。

1章では、「いかに仕事の第一歩目の世界が変わってしまったか」ということを、統計やデータ、前提となる社会変化に基づいて示していきます。そのうえで、一つだけ押さえていただきたいのは、今の時代、**会社はあなたを（十分には）育ててくれない**、という事実です。順にいきましょう。

「素人をイチから育てる」はイノベーションだった

「若手をどう育てるのか」「どう育っていくのか」「若手社会人と企業の良い関係」は、実はとても昔から議論されてきた大きな問題です。もともと新卒一括採用を日本で初めて実施したのは安田保善社という会社であると言われており、なんと明治時代、1907年のことです。[1]

安田保善社と言っても誰も知らないでしょうが、実はとても有名な会社です。後の富士銀行、つまり今のみずほ銀行です。この安田保善社は「練習生制度」というものを作り、本格的な新卒採用後の育成体系を構築しました（対象は現代で言う高校卒の若者）。新卒入社者は両国のあたりにあった安田家の邸宅に併設された寄宿舎に1年間居住します。2、3か月ごとに様々な部署を転々として、夜には寄宿舎で3時間の座学のカリキュラムがあったそうです。驚くべきことに、「正月には安田家の家族とともにカルタを取り福引をやり隠し芸も行われるなど」[2]ともされており、年末年始の忘年会や新年会で若手が一発芸をやる、といった2010年代まで続いた職場の文化がこの時点で作られていたことがわかります。それ以外にも、現みずほ銀行が行った1907年の新卒一括採用後の

育成手法には、

- 寮に入って同じ釜の飯を食べる
- 部署をローテーションさせて、まず自社の様々な職場の仕事を経験させる
- ＯＪＴ（業務における学習）とＯｆｆ-ＪＴ（業務を離れた学習）を組み合わせて実施する
- 企業の文化を身につけるために、カジュアルな場で交流する

といった、日本企業においてつい最近まで主流の手法として当たり前に行われてきたものが、多数登場しています。現みずほ銀行の「練習生制度」を起点とする若手育成のやり方は、当時としては独創的で前例がない取り組み[3]でしたが、いま振り返ってみると、その後日本のほぼ全ての大企業の間で実に１００年以上採用され続けることになる、人材育成のイノベーションだったのです。さらに重要なポイントは、**業務に必要な知見・経験の伝達と組織文化の伝達を同時に行っている**ことです。「職場で育てる」という若手育成手法には、この両面を併せて伝達できる特徴がありました。この現みずほ銀行が創り出した「練習生制度」自体はその後いったん廃れますが、後続の会社がその特徴を活

かしながら様々な工夫をこらしアップデートしていくことになります。

なお、この当時の若手育成がうまくいっていたかといえば、全くそんなことはありません。1908年、帝国大学を卒業した新卒大学生5名を他の企業に先駆けて採用したのが第一生命です。これが大卒新卒採用の始まりです。「一挙に五名の新法学士を採用、ズブの素人から仕立てようとした」[4]と社史に記載があります。

当時は近代国家をトップダウンで作り上げたことから、官界が強く若手に人気もあり、大学卒といえば官僚や学者になる時代で、民間企業への就職ということは非常に珍しかったわけですが、そのなかで**大きな決断として好待遇で大卒新卒を採用し、〝ズブの素人から〟幹部職員を育成しようとした**わけです。この挑戦が今の新卒一括採用型の就活に続くわけで、当時としても特筆すべき大きな経営上の取り組みであったことが、半世紀後に編纂された社史に記載があることからもわかります。

ただ、この取り組みがその後どうなったかと言えば、「この五名は人物もよく将来大成した人も多かつたが、惜しいかな、この施策は時代より進みすぎていた。実際面では理想倒れとなつて、一年半のうちに五名全部退職して行つた（ママ）」と、正直に、

１００年前の悪戦苦闘が記されています（なお、この5名のその後を調べると、後に衆議院議員や著名な書家になるなど、様々な分野で活躍しています）。

確かに、この新しい施策、つまり大学新卒採用は「1年半で離職率１００％」と大失敗しましたが、１００年以上経過した今、企業の人材獲得手段として広く通用していることを考えれば、確かに〝時代より進みすぎていた〟のかもしれません。

二つの転機、「就職難」と「ブラック企業」

第一生命が明治時代に初めて大学卒を採用した際には、採用した5名全員が1年半で退職してしまったわけで、昨今もよく企業が課題として挙げる「若手が早く辞めてしまう問題」は、明治の頃から起こっていた経営課題だと言えるでしょう。

そんななか、大正時代の後期（１９２０年代）には、新入社員教育が制度化されていきます。当時の住友銀行（現在の三井住友銀行）は１９２３年に、約5か月間、新入社員を全員集めて業務時間内の研修を開始しています。[5]

研修内容は学歴を問わず、いくつかの支店に会場を設けて、簿記、習字、そろばん等を練習させるものです。ちなみに、新人教育の先駆者である安田保善社では午前中の座学に加えて、午後はさっそく実務実習をさせるプログラムで実施しています。こうした取り組みは、現在も多くの企業で実施されている入社時一斉研修の元祖とも言えるものです。

若手と企業の関係の成立を見てきました。いかに日本企業が工夫して若手を育てようとしてきたか、わかっていただけたでしょうか。

こうした関係について、近年に至って大きな転機がありました。その転機を端的に示すのが、内閣府が2007年に出した「青少年白書」です。この白書で、内閣府は新卒社会人の学歴別の離職率状況を「七五三現象」と取り上げました。3年以内で退職する割合が、当時だいたい中学卒70％、高校卒50％、大学卒30％だったからです。ここで大切なのは、**なぜ政府が政策課題やその施策の方向性を記載する〝白書〟に、単なる企業内の人材問題である〝若手が早々に辞めてしまう問題〟が載ったのか**ということです。これを理解するためには当時の社会状況を知る必要があります。

当時若手の労働問題が大きく取り上げられたのは、**「就職氷河期」**と言われるバブル崩壊後の就職が非常に難しい時期が長期化していたためです。新卒後に仕事がない、という若者が本当にたくさんいたのです。大学卒の求人倍率は、初めて統計が取られた1987年卒以降、直近に至るまでの最低値は2000年卒の0・99倍です（図表1）[6]。2000年前後の就職は本当に難しく、この時期に大学を卒業した氷河期世代は、**若年失業率が10％前後**まで上昇しているなかで社会に出ています（直近で見ると、2023年は4・1％でした）。

こういった「新卒無業」[7]の若者たち、また、ニート・フリーターといった新たな働き方や生き方をする若者たちに目が向けられて、日本で初めて若年労働者に焦点を当てた労働政策が立案・実施されました。2004年に政府が展開した「若者自立・挑戦プラン」です。若者に絞った就労支援機能（ジョブカフェなど）から就労観を育てる教育（キャリア教育）までが盛り込まれた内容で、特にキャリア教育については学校のカリキュラムに反映されており、みなさんもその影響を強く受けています。学校で社会人の話を聞いたり地域の企業で就業体験をしたりといった経験があなたにあれば、それはこの2004年の国家戦略がきっかけです。

いったい、このことの何が転機だったと私が考えているかと言えば、**若手と企業の関係に政府が直接口を出した**ことです。それが2000年代のこの時期に起こったことだったのです。[8] 若者の就職が厳しくなった、企業だけに任せていては就職できないし早々に辞めてしまう、ひいては職業社会を生き抜くための必要な力が育たない。[9] ではどうするか。無職や非正規の若者を政府が支えよう、就職しやすくしよう、また学校教育でも職業生活や仕事について教えよう、会社に任せず政府として取り

2000年は求人倍率が1倍を切った

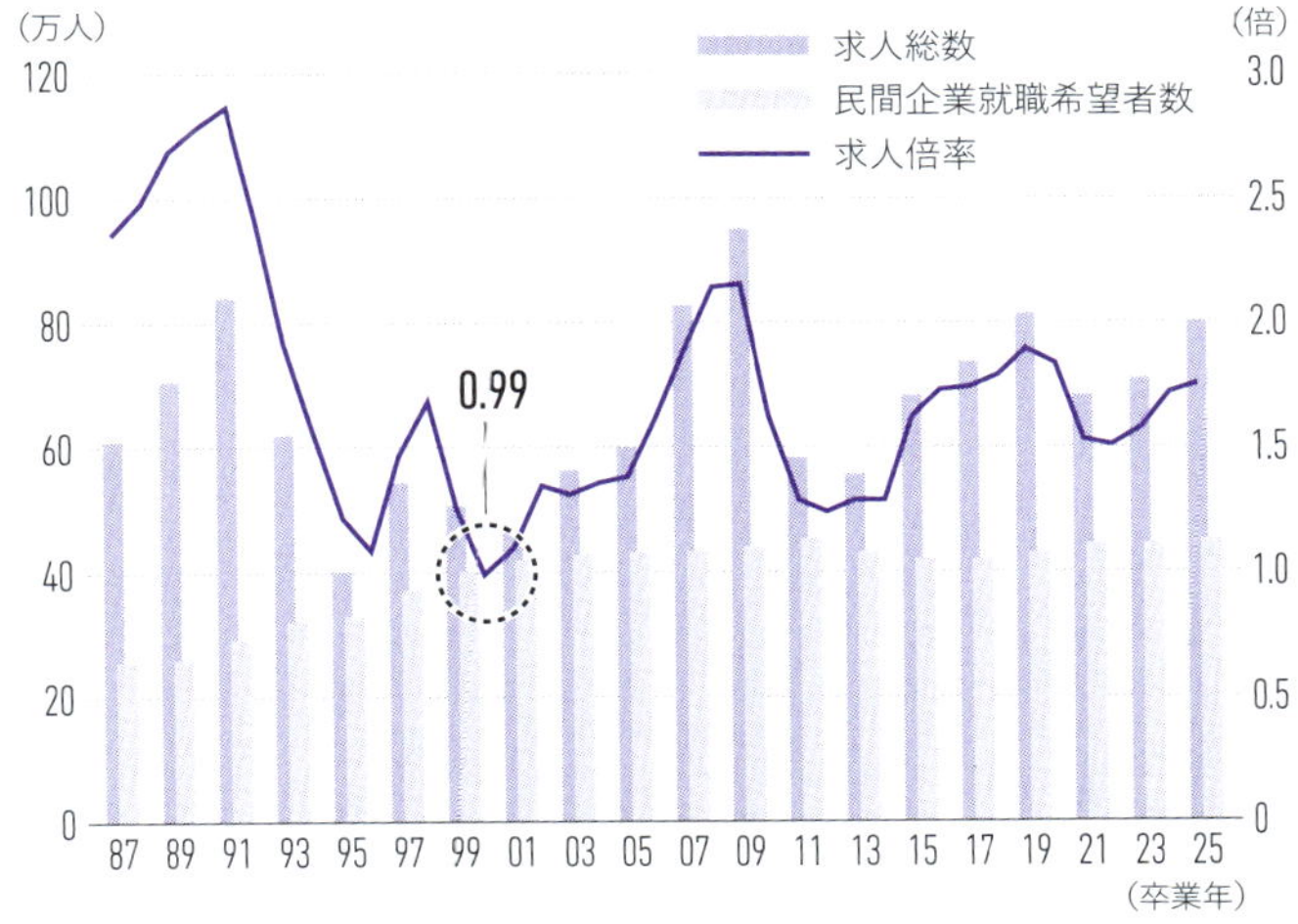

図表1　大学卒の求人総数および民間企業就職希望者数・求人倍率の推移

組もう、こういった動きが国家戦略として大々的に起こったことが重要なのです。若手と会社の関係に政府が介入したということです。

そして、この新たな関係（若手と会社の関係に政府が介入する）の延長線上に、現在へつながるもう一つのターニングポイントが起こります。２０１０年代に大きな社会問題となった**ブラック企業問題**です。

ブラック企業という言葉自体は、インターネットスラングとしてすでに私が大学生の頃（２００５〜２００９年）には存在していました。「あの会社はブラックだから」などといった言い方も就活生のなかでは一般的でした。そういう意味では、２０００年代後半の段階では「ブラック企業」という言葉はあくまで、若手と会社の関係のなかだけの問題という旧来的な位置づけに留まっていたと言えるでしょう。この状況に、「若者自立・挑戦プラン」以来の新しい関係の視点を導入したのが、２０１２年に出版された今野晴貴による『ブラック企業——日本を食いつぶす妖怪』（文藝春秋）という一冊の書籍でした。2章でも述べますが、この書籍の副題でもわかるとおり、今野は**社会全体の問題、つまり政府がやるべき仕事として、「若手と会社の関係性の是正」、つまり当時のブラック企業問題を位置づけた**のです。

可視化された「働きやすさ」

その後、ブラック企業という言葉は、２０１３年に流行語大賞トップ10に入るほど大きな社会課題となりました。企業社会の弱者である若者を食いつぶすような企業を許してはいけない。ブラック企業問題に対して時の政府は強力な介入を行います。

それが２０１５年に施行された**若者雇用促進法**という１本の法律です。これは若者を採用する企業に一定の項目におけるデータ開示を努力義務化する、情報公開を中心とする法律でした。この後に続く〝働き方改革〟などが有名過ぎてあまり注目されませんが、この若者雇用促進法はみなさんにとってとても重要な法律です。なぜなら、**その会社の残業時間の平均や、離職率、有給休暇取得率等の働くうえで非常に重要な各種のデータ、そして現代の就活生が絶対に見ているこうした数字の開示が始まったのは、この法律ができたことによる**ためだからです。

就活をしたみなさんは、必ずこういった数字を見ています。企業の採用サイトを見る際にも、まずこういった数値を見てどんな職場環境か想像しながら、仕事内容や社員インタビューのページを見てきたことでしょう。当たり前すぎて、ありありがたみがなくなっているかもしれませんが、この時までは、それらは普通に見られるものではなかったのです。

こんなことがありました。私は大学で兼任教員もしていますが、その講義のなかでこの若者雇用促進法の話をし、「私が就活した頃（2010年前後）にはこんなデータはなかったんだよ」と言ったところ、聞いていた大学生からこんな質問がありました。

「じゃあ先生は何を見て就活してたんですか？」

いずれにせよ、重要なのはこの若者雇用促進法によって企業側にとあるインセンティブが生じたことです。それは、**労働環境を改善しよう、というインセンティブ**です。労働環境を改善してムダな残業をなくし、有給休暇を取りやすくすれば、もっと多くの優秀な若手に振り向いてもらえるかもしれない。

リーマンショックの影響から脱却し、すでに若手の採用が難しくなっていた時期と重なったこともあり、労働環境改善を行ってより良い職場にすることは、企業組織としての一つの目標となりました。

この「一つの目標」が経営上の「至上命題」となったのは、この後にさらに続いた労働法改正が、社員と企業の関係を抜本的に変えるルール作りをするものだったからです。

そう、**働き方改革関連法**です。2019年から段階的に施行された労働基準法の改正を中心とする非常に大規模な労働法改正、労働時間の上限規制が初めて設けられたこと、有給休暇の義務取得等々と、その内容は多岐にわたります。時の総理大臣が述べたように「戦後労働法の大転換」でした。もちろん、この働き方改革は大きな法改正であって若手のみの話ではありませんが、そもそもの改革の発端が大手企業における若手の過労自殺[10]にあったことを忘れてはなりません。そうした旧来的な若手社会人と会社の関係のなかで起こった痛ましい出来事を、二度と起こさない・起こしてはならないという社会の総意が、政府を後押しし、大規模な法改正につながったのです。

その後も、パワーハラスメント防止法[11]、育児・介護休業法の改正（通称「産後パパ育休」の創設、育休取得の意向確認の義務化）、労働基準法の改正（就業場所・業務内容の変更範囲の明示義務化）と現在に至るまで実は毎年のように職場運営に大きな影響を与える改正が行われています。職場運営に大きな影響を与える、つまり若手をはじめとする働くひとと会社の関係に政府が様々な介入をすることで、その関係をより良くしようという動きを続けているということです。

こうした継続的な法改正（私は職場運営法改革と呼んでいます）の結果として2020年頃より急速に顕在化したのが、「ゆるい職場」という全く新しい職場のあり方でした。

ゆるい職場の登場

私が2022年に出版した『ゆるい職場――若者の不安の知られざる理由』（中央公論新社）で提唱した「ゆるい職場」ですが、2019年に実施した若手社会人のインタビュー録にはすでに以下のような声が残っています。

はっきり言ってしまえば、社会人ってこんなもんなのかと

親戚の子どものような扱いを受けていると感じます

自分の成長の速度が想像していたよりも遅く感じてしまう。大学時代のほうがキャリアは充実していました

最近（2024年）聞いた声をまとめた手元のメモにも、

この会社でしか生きていけない人になってしまうかもしれないなと

もともとは「ゆるい職場」が良いなと思っていましたが、この仕事を続けていて大丈夫なのか、まわりの同期と話すことがあります

「成長や経験を焦るな」と会社の偉い人が言っていたんですが、それって生存者バイアスなんじゃないでしょうか

社会人になって3年くらいたって、まわりの子が転職し始めたり、突然自分の意志を強く持ち始めたりして、焦る

簡単な仕事ばかりさせられたが、自分が一番若いから仕方ないかと思っていました。でも徐々に〝自分、死んだ魚のような目で仕事をしてるな〟と感じてしまって

若者の期待や能力に比して成長できる機会や経験が乏しい、そんな「ゆるい職場」が生まれたことには、ここまで話してきたような大きな社会の流れが影響しています。明治以来の若手と会社のシンプルな関係に対して、バブル崩壊後の就職氷河期問題の顕在化をきっかけに政府の介入が行われたこと、その介入が2010年代前半のブラック企業問題によって一般化したこと、そして2010年代後半以降には若手と会社の関係の是正がより強力な形で継続的に行われるようになったこと……。

若者が求めたからとか、若者がゆるくなったからとか、はたまた上司や先輩がゆるくなったからとか、そういった理由ではありません。理不尽で劣悪な労働環境をなくすことはもちろん最も大切なことですから、そうした**大きな社会の流れのなかで生まれたために、全く新しく、しかももう元には戻らない職場状況、それが「ゆるい職場」**です。

もはや別の国

こうした流れの結果として、若手の労働環境は着実に改善されています。データを見ていきましょう。

労働法改正の影響もあり、日本の労働環境全体が大きく変化しています。例えば労働時間。平均就業時間はここ10年で明確に減少傾向にあります（ここでは就業形態の影響を除くために男性の現役世代を集計したもの[12]、図表2[13]）。特に注目すべき2点は、２０１６年頃から２０１９年頃にかけて全年齢層において急速に減少していること、そしてその減少幅は25～34歳が最も大きいことです。２０１３年には45～54歳と25～34歳がほとんど同水準だったことを考えれば、その差が大

労働時間は目に見えて減っている

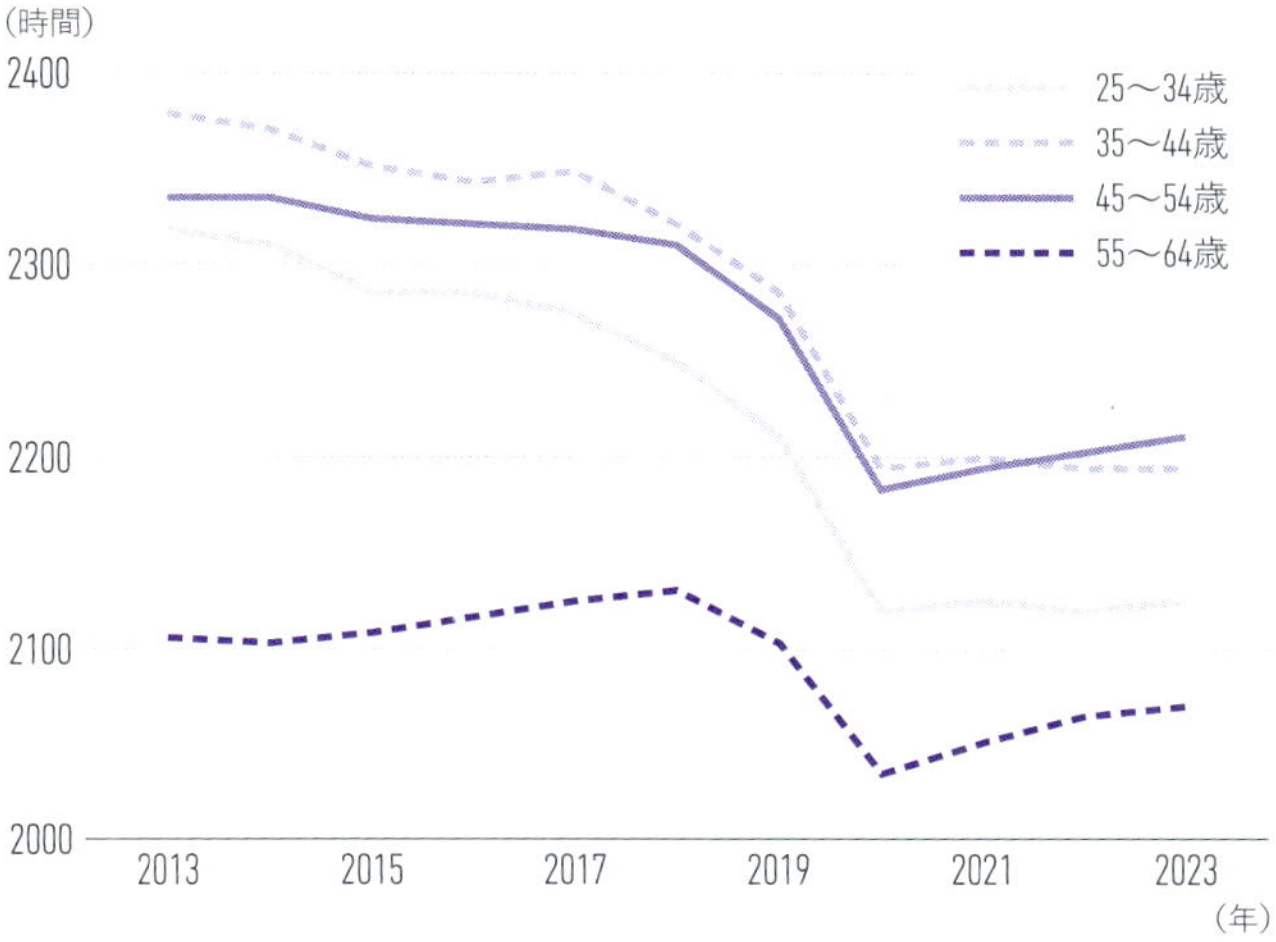

図表2　年間平均就業時間の推移（男性）

きくなったことはよくわかるでしょう。なお、20～24歳では年間就業時間は10年間で11・5％減少しており、これは図表2の25～34歳の8・4％より減少幅が大きいです（45～54歳は5・4％の減少）。

最近の変化をさらに詳細に見るべく、リクルートワークス研究所の全国就業実態パネル調査を分析すると、2015年の大卒以上の若手社員（入社1～3年目）では、45・3時間であった平均週労働時間は2023年には42・9時間へと減少（図表3）[14]しました。また、

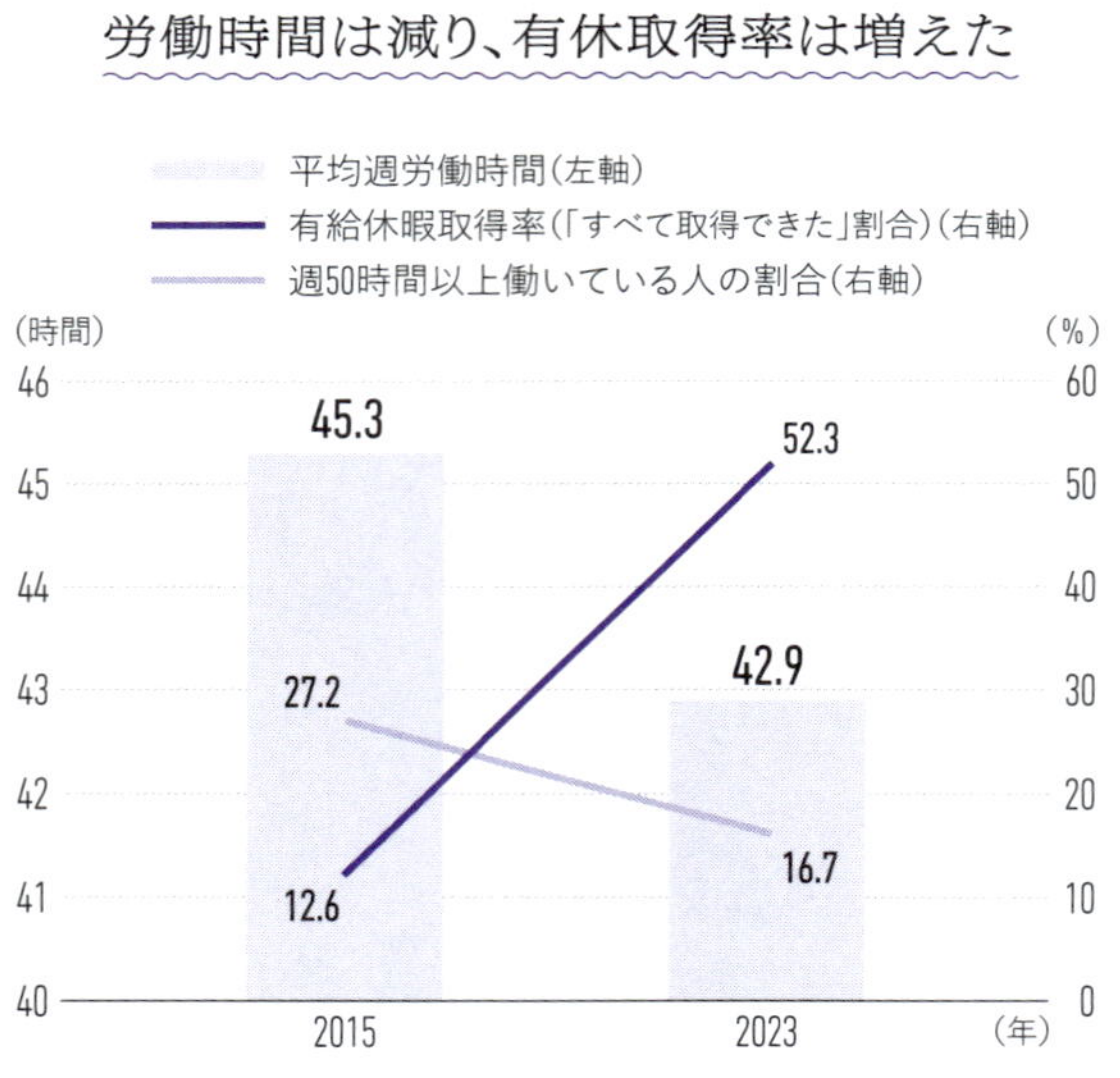

図表3　大手企業（従業員1000人以上）の大卒以上・新卒入社１～3年目正規社員の労働時間・有給休暇取得率の変化

週50時間以上働いている（＝概ね月40時間以上の残業をしている）若手の割合は、２０１５年の27・２％から２０２３年に16・７％へ４割減となっています。こうした様々な統計を総合してみれば、**若手の労働時間がここ10年ほどで着実に減少している**ことは間違いないでしょう。

一方で、若手の有給休暇取得率は急速に上昇しています。有給休暇を年間半分以上取得できた人は、２０１５年の若手では45・３％でしたが、２０２３年にはなんと91・６％へ向上。「すべて取得できた」人では、図に示したとおり、12・６％から52・３％へ急速に増加しました。２０１５年から10年経っていませんが、この変化。もはや別の国のような労働環境です。

また、パワーハラスメント防止法の施行もあり、職場におけるコミュニケーションスタイルも変化しています。日本の管理職に調査をしました。部下の20代の若手へのコミュニケーション姿勢について、調査[15]によれば「職場の部下を褒めたり、たたえたりする機会」が「毎日のようにあった」管理職は11・７％、「週に数日程度あった」29・９％、「週に１日程度あった」25・０％と、合わせて３人に２人以上の管理職が〝週に１回以上は部下を褒めたり、たたえたりして〟います。管理職のみなさんも「褒めて育てるべし」

と会社から言われているのでしょうか、とても素敵な光景が想像できますね。その一方で、「職場で部下を叱責する機会」については正反対の結果で、「年に数回程度か、それ以下」と64・0%、およそ3人に2人の管理職が答えています（図表4）[16]。

日本の職場の平均的な管理職と若手の関係は、「週に1回以上は部下の若手を褒めたりたたえたりするが、厳しく叱ることは年にほとんど1回もない」という様子だということが調査からわかります。

過去の統計がないため比較はで

職場で部下を褒める機会、叱る機会

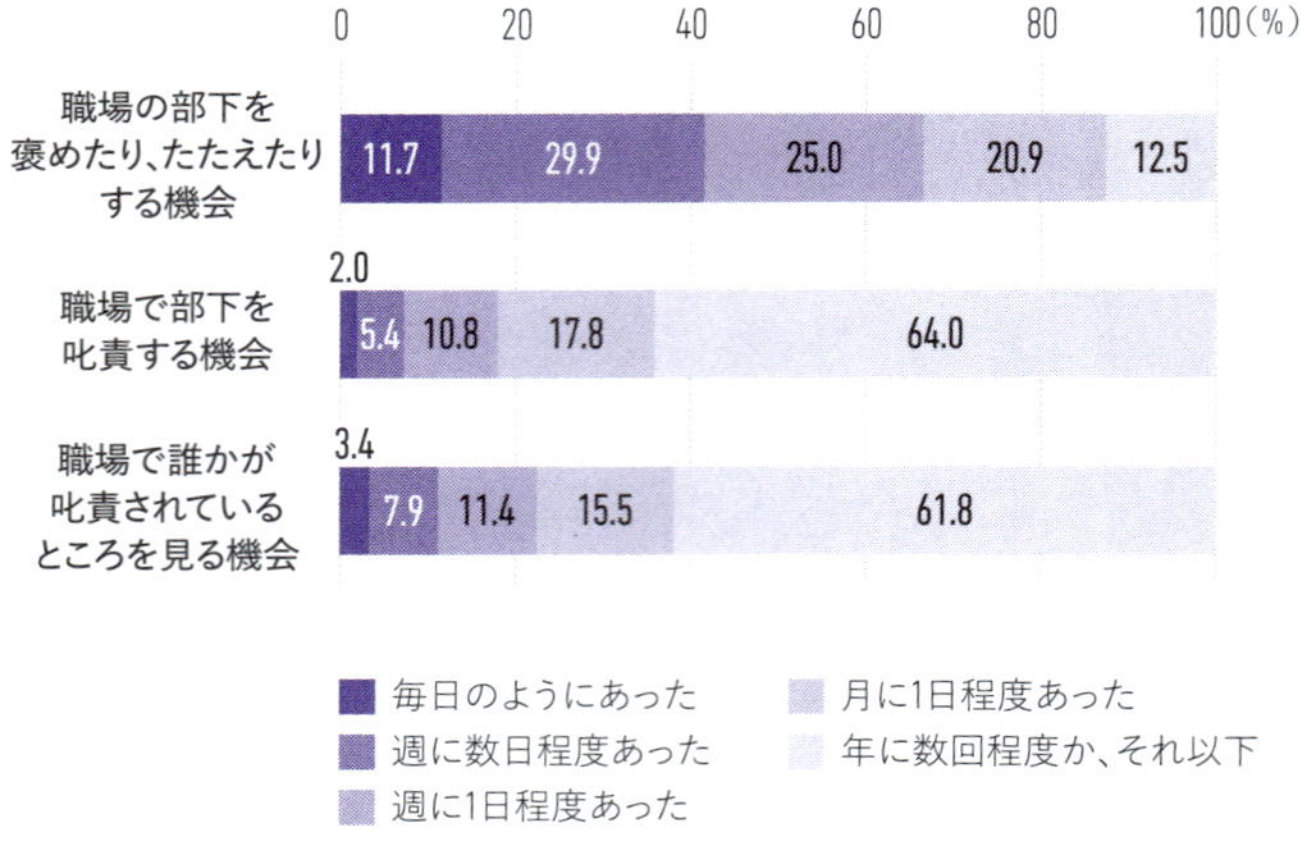

図表4　大手企業管理職の、20代部下に対するコミュニケーション姿勢

きませんが、10年前とは様変わりしたと、2010年代半ば以前に社会人になった方は感じるでしょう。新人といえば、1日に何度も何度も厳しく叱責されていた、「またアイツ叱られてるよ……」とまわりが心の中で感じていた、そんな状況と比べれば職場の風景はずいぶん健康的になりました。

「ゆるい若者」という幻想

こうした社会変化と同時に論じられてきたのが、**「最近の若者は○○だ」といった意見の集合体「若者論」**でした。

若者論の歴史は古いとされ、例えば2000年以上前の偉人、現代に大きな影響を与えている古代ギリシャの哲学者、プラトン、ソクラテス、アリストテレスはそれぞれの言葉で「若者論」を述べているそうです（私が原典をたどった限りは、彼らは若者にだけ厳しいわけではないと感じましたが）。長くなるので、詳しく知りたい方は検索などしていただくとして、例えばアリストテレスは「若者は感情に従いがちなので、講義を聴いても無駄であり無益であろう」[17]としています。

こうした「最近の若者論」にうんざりしている人も多いでしょう。私は特に、戦後日本の「最近の若者論」を調べていますが、みなさんに戦後の日本の「若者論」について一つの事実をお伝えしたいです。結論から言いますと、ずっと同じ議論が繰り返されています。私も飽き飽きしているのです。**「最近の若者」論にそろそろトドメを刺さないと、若手育成にしろ、キャリア形成にしろ、有効な手が打てない**のではないかというのが私の思いです。

うんざりしている理由の一端を共有します。

メディアで「最近の若者は……」という言葉が頻出し始めるのは1970年代以降で、それ以前にはほとんど「最近の若者は」論は見られません。この「最近の若者は」式の論調の確認できる初出[18]は1974年に週刊労働ニュース[19]という媒体に今でいう就職希望先ランキングのような記事が掲載されており、そのまとめとして、「最近の若者は、とくに組織からの離脱傾向が強いと一般にいわれるが……」と記載されているものです。

なお、このランキングでの男子生徒の1位は公務員、2位は電気メーカー。女子生徒では1位がマスコミで2位が公務員となっています。当時オイルショックがあったとはいえすでに公務員が大人気だったようですが、1974年に18歳前後だった方へのアンケートですから、**現在70歳前後の方々の若い頃の回答**です。

1977年の日経ビジネス誌[20]には「ビジネス社会を蝕む〝若年寄り〟社員」と題した記事が掲載されています。そのなかで、最近の若者は他人がどうしようと関心がない、朝出社して上司が挨拶をしても知らん顔、等々と語られていました。

1982年の日本経済新聞[21]。若者の口から生み出される流行語を題材に日本語の状況を論じていますが、「最近の若者は〝難しい本〟を読んで育った大人たちと比べると、ずっと気楽に無とんちゃくに言葉と付き合っている」とされています。難しい本は読まなくなった、と当時の若者（現在60歳くらいの方々）は批評されています。[22]

1980年代に入ると〝新人類世代〟論が盛り上がることもあり、議論の数は数えきれないほどになり、「最近の若者論」が一般化していきます。とても面白いので本当はこのペースで逐一紹介していきたいのですが、大手メディアに掲載された「最近の若者は」という記事だけでも数千件ありますし、だいたい書かれている内容はいつの時代も同趣旨なので、あとはかいつまんでお伝えしたいと思います。

◆1986年日本経済新聞[23]「最近の若者はそつはないが妙にさめていたり、マイペースだったりで〝新人類〟ともいわれている[24]」

◆1986年読売新聞[25]「最近の若者は自分の信念を大切にしたいと考える一方、『他人が自分をどう見ているか』という〝他人の目〟を気にし、他人への気配りにも神経を使っている。また、『将来のための努力』より『毎日の生活』を楽しみ、安定志向が強く、親友とも適度に距離を置いてつき合っている」

◆1990年静岡新聞[26] 最近の若者は、話すことはテレビの番組やタレント、歌手の話題、あるいは友人のことばかり。教養はなく、マナーも知らず中身は何もない、というある高名な作家の論評の紹介。

◆1993年毎日新聞[27]「新人研修『指示待ち世代』の難しさ」

他人に関心がない、本を読まない、そつはないが妙にさめている、他人の目を気にする、安定志向、教養がない、マナーがない、指示待ちだ……。既視感を感じないでしょうか。現在においても、ほとんど同じ内容の「若者論」を目にすることが多々あると感じませんか。もしくは直接そう言われた経験があるかもしれません。これは私が執筆している時点（２０２４年）で読んでも、その後の時代（２０３０年や２０４０年）に読んでも、読んでいるみなさんは全く同じ感想を抱くだろうと予言します。「これ、今言われていることと同じだ」と。半世紀前から、同じような議論が延々とされているのです。

また、私は戦後の「若者論」を総覧していて、もともと娯楽やエンタメとして消費されていた若者論（当時の上の世代のうけ狙いや内輪ネタ）が、一部で真に受けられて、採用や人材育成といった企業経営の話として新聞記事や企業の組織戦略の議論で取り上げられるようになったと考えています。こうした若者論を起点にしても、有効な育成施策やキャリア支援ができようはずもありません。もともとがエンタメなのですから。

仕事観は多様化している

また、現代において「若者論」がより通用しなくなっているという〝証拠〟がもう一つあります。**若手社会人が多様であること**です。

図表5[28]に、若手社会人のみなさんの仕事に対する考え方が「どちらに近いか」という

形で聞いた結果を掲載しています。①在職か転職か、②いろいろやりたいか専門をつくりたいか、③「忙しくても給料」か落ち着いて働きたいか。この3項目について、「A」と「B」の回答者の合計はほぼ50%付近に来ていることがわかります。それぞれの回答者が半々で存在しているのです。このように、半々で存在している仕事観に、さらに掛け算が起こります。これが若手の仕事観の多極化です。

ちなみに、④仕事かプライベートか、の項目だけは「プライベートを大事に生活したい」を選んだ

一つの“若手の価値観”などない

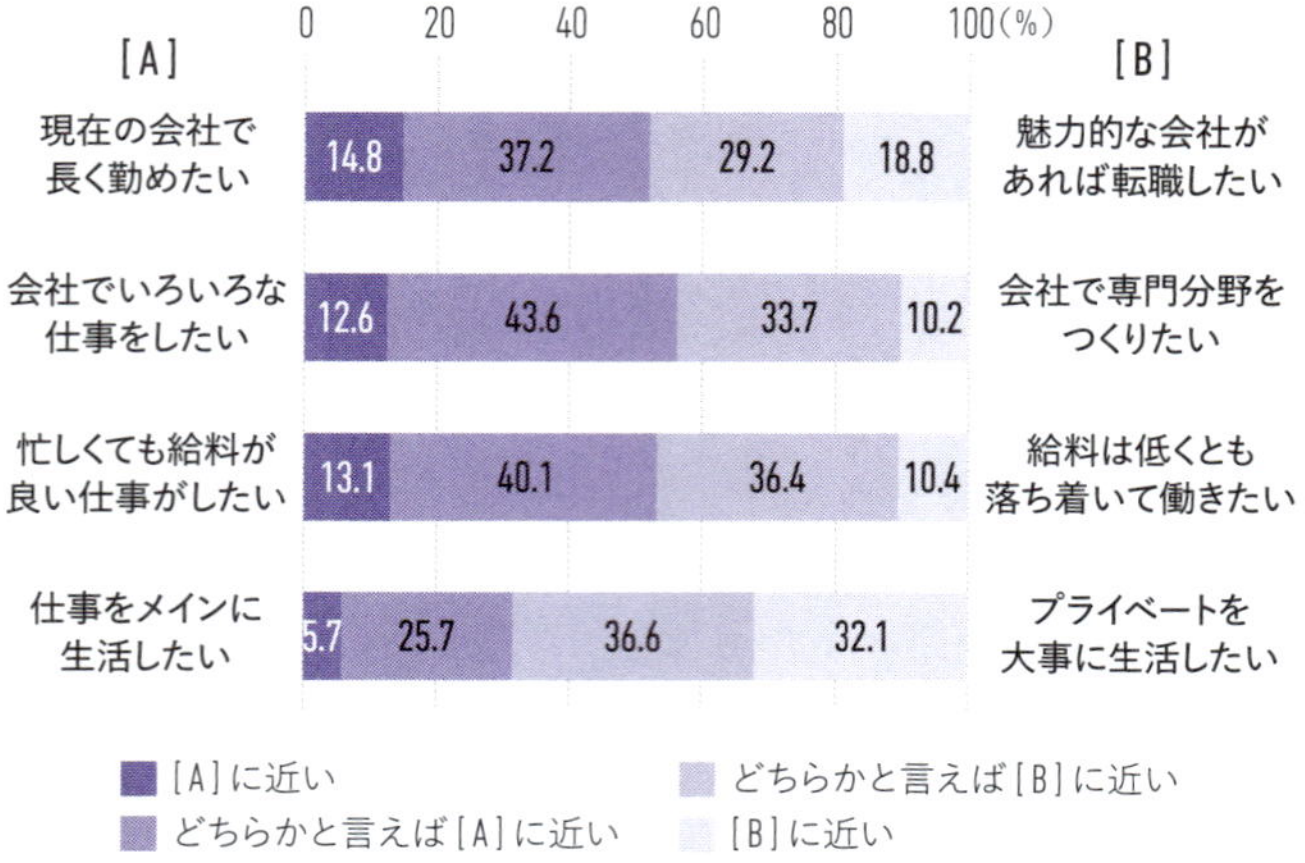

図表5　若手社会人（初職・入社３年目まで）の仕事に対する考え方

若手が約7割ですが、実はこれは若手だけの傾向ではありません。同様の条件で30代社会人にも調査したところ、「プライベートを大事に生活したい」を選んだのは、合計で73・5%でした。3年目までの若手と、ほとんど変わらない割合だったのです。若手が変わったのではなく、社会全体が変わったのかもしれません。

いずれにせよ、こうしたデータからわかるのは「若手を平均値で語ることはできない」ということです。**みなさん全員に平均的にあてはまる仕事やキャリアの理論や議論は存在しない**、ということでもあります。

若者に対する意見は「昔も今も変わらない」ことをお話ししてきました。しかし、何かが変わっているとベテランから若手自身まで多くの方が感じています。では何が変わったのでしょうか。データからわかってきたのは、**もし変わったものがあるとすればそれは若者ではなく、企業、職場**だということです。もっと丁寧に言えば、確かに若者も多少は変わったのかもしれませんが、それ以上に若者をとりまく職場が2015年以降劇的に変わってしまったのです。

食い違う、時間の余白と心の余白

変わってしまった職場環境。ここでみなさんにとって重要なポイントがあります。「**時間の余白**」と「**心の余白**」です。

時間の余白が増えています。社会人にとって、睡眠など生活に必要な時間を除いた一日の時間の多くを占めていたのは、言うまでもなく仕事でした。この「仕事」はいまもってとても多くの時間シェアを占めていますが、その割合は低下しています。例えば、24歳以下の就業者の月間労働時間は2013年の145・1時間から2023年には125・0時間へと低下しています。[29] **月に20時間分が新たに余白として生まれているの**です。先に示した調査では、2015年と2023年の3年目までの大卒以上社会人に絞っても、1週間あたり2・4時間労働時間が減っていましたね。

ここで問題になるのは、時間の余白と心の余白がリンクしないという事実です。時間に余裕を持てるようになった若手の不安は減るどころか、むしろ増幅する傾向にあります。なぜ新しい環境で不安が増幅するのか、2章で詳しく話しますが、ここではデータだけお見せします（図表6）。[30]

時間の余白が、必ずしも心の余白につながっていない。こうした状況にあるのは、時間の余白が持つ性質に理由があると考えます。

時間の余白は、どう使おうと自由です。会社から早く帰って新しい知識を得るために勉強をしていても、副業・兼業をしても良い。いろんな人と会っても良い。推し活をしても良い。また、スマホでゲームをしていても、ボーっとしていてももちろんＯＫです。つまり、時間の余白は経験の差を生みます。**これまでは企業のなかで長時間働いていたために、経験の機**

時間は増えても不安は解消されていない

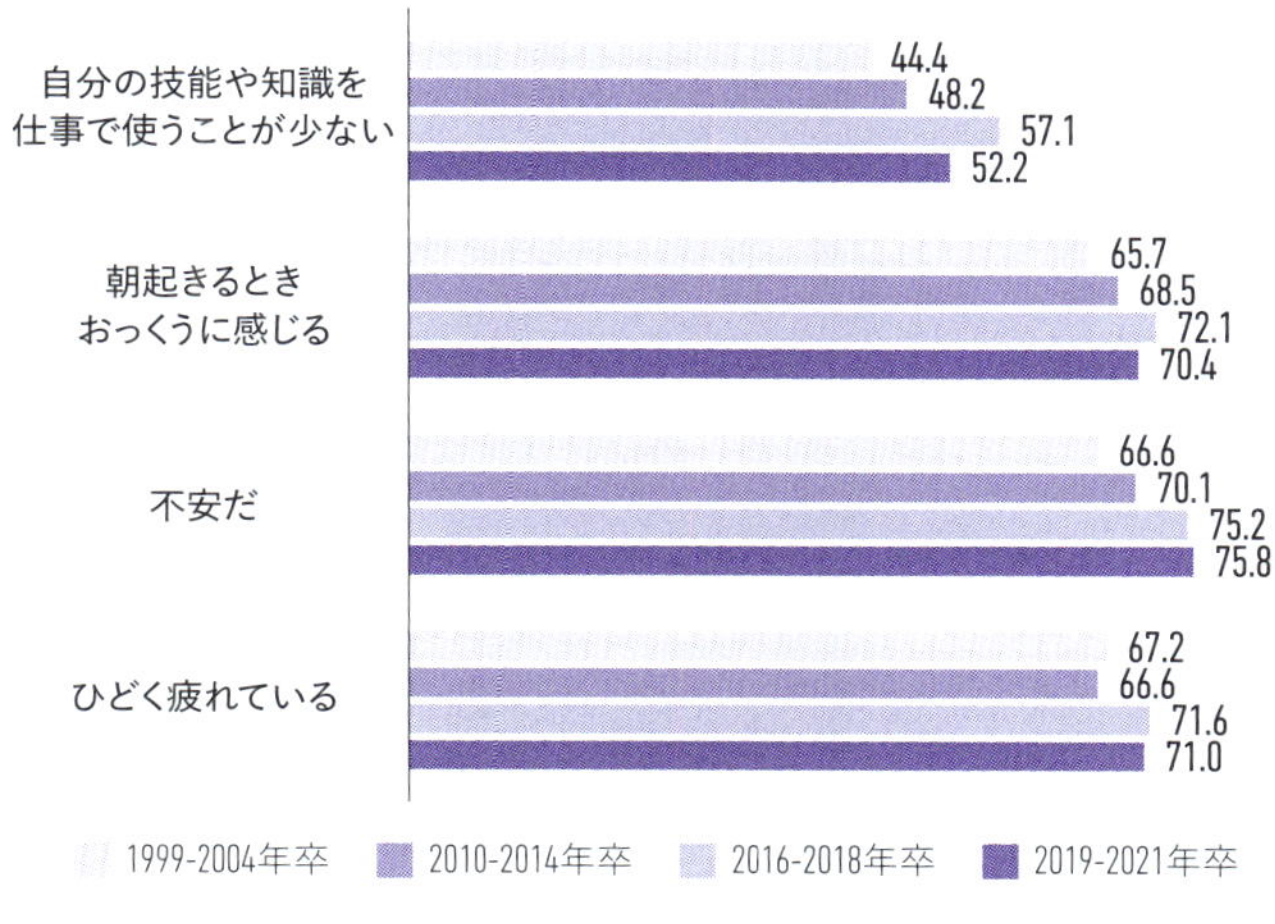

図表６　新入社員期のストレス実感。単位（％）

会は平等に与えられました。しかし職場にいる時間が短くなった結果として、どうしても個人個人の経験の差が生まれてしまうのです。以前は、仕事に関する努力は労働時間の中だけで行えばよかったのですが、「ゆるい職場」登場以降は可処分時間（時間の余白）の中で努力せねばならなくなったということです。

もちろん、今の仕事が大変ならば、労働時間の外でそれ以上頑張る必要はありません。しかし、時間の余白があると感じてしまった場合、どうするのか。あなたが感じるかもしれないこの疑問に対して、先人たちに成功事例や正解は存在しないのです。

そして、ここでどうしても生じてしまう差こそが、「不安」や「焦り」の源だと考えます。**「可処分時間をどう使っていくのか問題」が、〝本人の問題〟として生じてしまっている。**ゆるい職場となった企業社会ではどうしてもこの問題と付き合っていかざるを得ないということだけ、覚えておいてください。新しい発想で働きかたをデザインをするうえで、大きなポイントとなります。

では、誰が育ててくれるのか

若手の育成が難しく、定着させることも難しくなったなかで企業が取っている対応を、二つ紹介します。

一つ目は大手企業の**中途採用の爆発的増加**です。育てられないなら、中途で採用すればいい。企業の戦略としてはスマートです。

実際にどの程度増えているのでしょうか。ここ10年で20％増でしょうか、1・5倍でしょうか。いえいえ、そんなケチな数字ではありません。**10年で10倍**です。私も率直に、最近の増加に対して「こんなことが起こるのか」という感想を持っています。ずっと労働市場を見てきた私のような人間からしても近年の変化は不連続で劇的で、その例の一つがこの大手企業の中途採用数の増加です（他に不連続で劇的な変化が起こった例として、大手企業の副業・兼業解禁、高校卒の求人倍率高、ハローワークの紹介件数減など。初任給引上げもそうですね）。

なお、私が教えている大学の学生にこういう話をすると、「古屋さん、では今後大手企業に新卒で入るのは無理ゲーなんでしょうか」と質問がありますが、いらぬ誤解を生みそうなのではっきりと申し上げますが、実はそうではありません。大手企業は新卒採用も増やしています。統計が残っている限りで見てみても、従業員1000人以上規模の大手企業の新卒採用計画数は最新の2025年卒が最多となっているのも確かです。

大手企業ですら人材確保が難しくなっているので、新卒も中途も増やしているのです。若手社会人にとっては選択肢が増えるのでとても良いことなのは間違いありませんが、その背景にあるのが**「企業の若手を育てる力の低下」問題**です。

企業が若手を育てなくなってきています。もしくは、育てられなくなっています。**人材育成方法には大きく二つの種類があり、職場内における訓練、つまりOJT**（On the Job Training）**と、職場の業務を離れた訓練、つまりOff-JT**（Off the Job Training）**があります**。若手社会人のOJT、Off-JTの受講機会について、データを見てみましょう。

OJTのうちでも特に教育効果が高いとされる計画的OJTの受講率は、2015年に29・4％だったのが、2023年には23・3％まで低下しています（図表7）。一方で2023年において**「新しい知識や技術を習得する機会が全くなかった」という若手は23・8％と、およそ4人に1人**に達しています。「上司・先輩から指導は受けていない」人も合わせると、ＯＪＴを受けなかった人の合計は44・６％と半数近くになっています。ちなみに、大手企業の若手だけで見ても、計画的ＯＪＴを受けた割合は、２０１５年から直近までに40％から30％へと大きく低下しています。一方で**「放置されている人」が増えている**のです。

　Ｏｆｆ-ＪＴも顕著です（図表８）。年間受講時間の平均は15・２時間から10・３時間へと減少しました。Ｏｆｆ-ＪＴが３分の１減っていますから、単純に計算すれば、**２０１５年の若手が10年で獲得で**

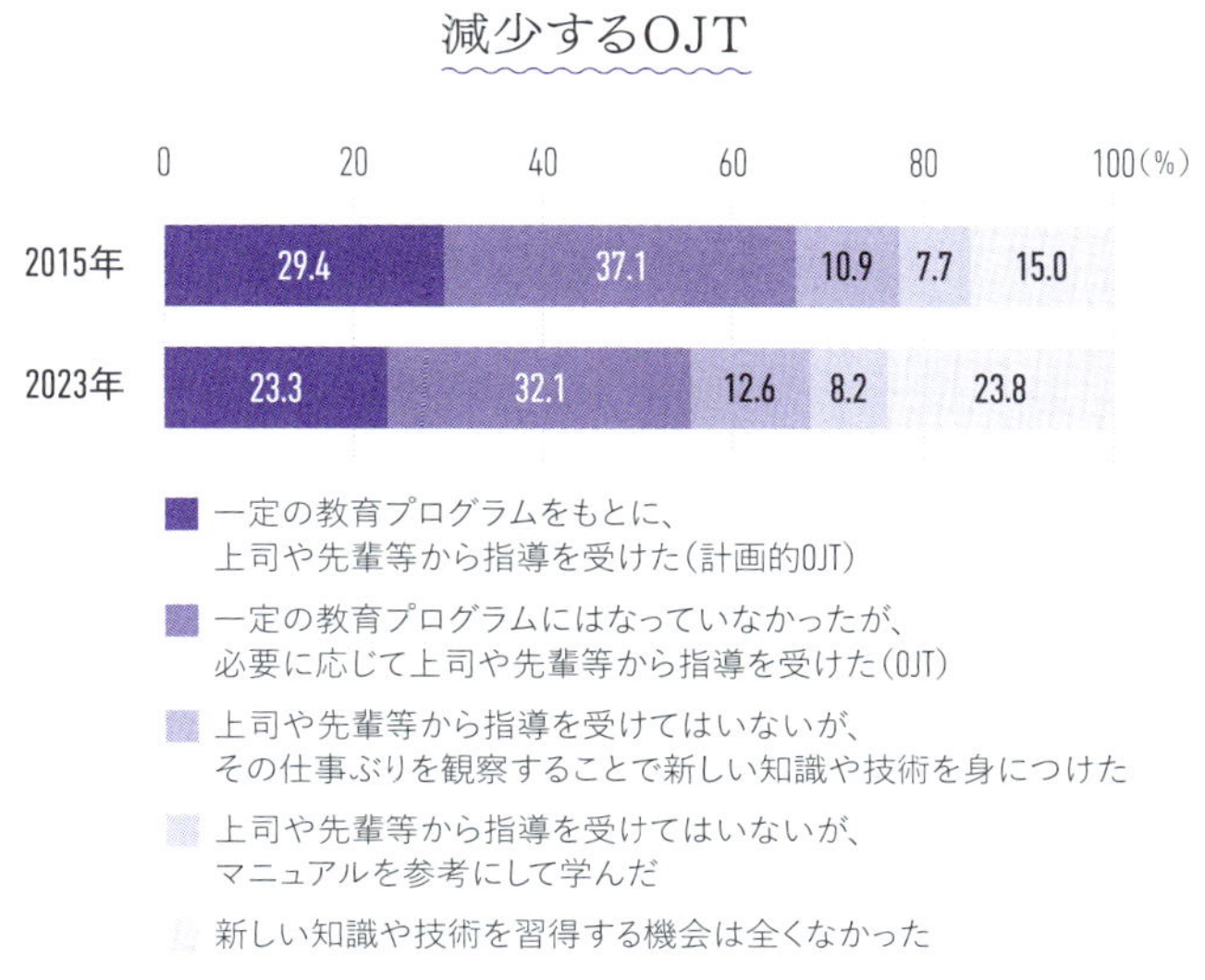

図表７　若手社会人のOJT状況

きた知見を得るのに、2023年の若手は15年かかることになります。なお、大手企業（従業員1000人以上）の減少幅が特に大きく、年間21・5時間から12・7時間へと実に4割以上も減っています。大卒で30歳まで（8年間）に得られていた知見の獲得に、35歳まで（13年間）かかる計算です。

もともと日本では大手企業のほうが若手への育成投資が大きく、今でも大きいのですが、もとが大きかったただけに減少幅が目立っている状況です。いずれにしても、管理職世代の労働時間は高止まり

Off-JTも減っている

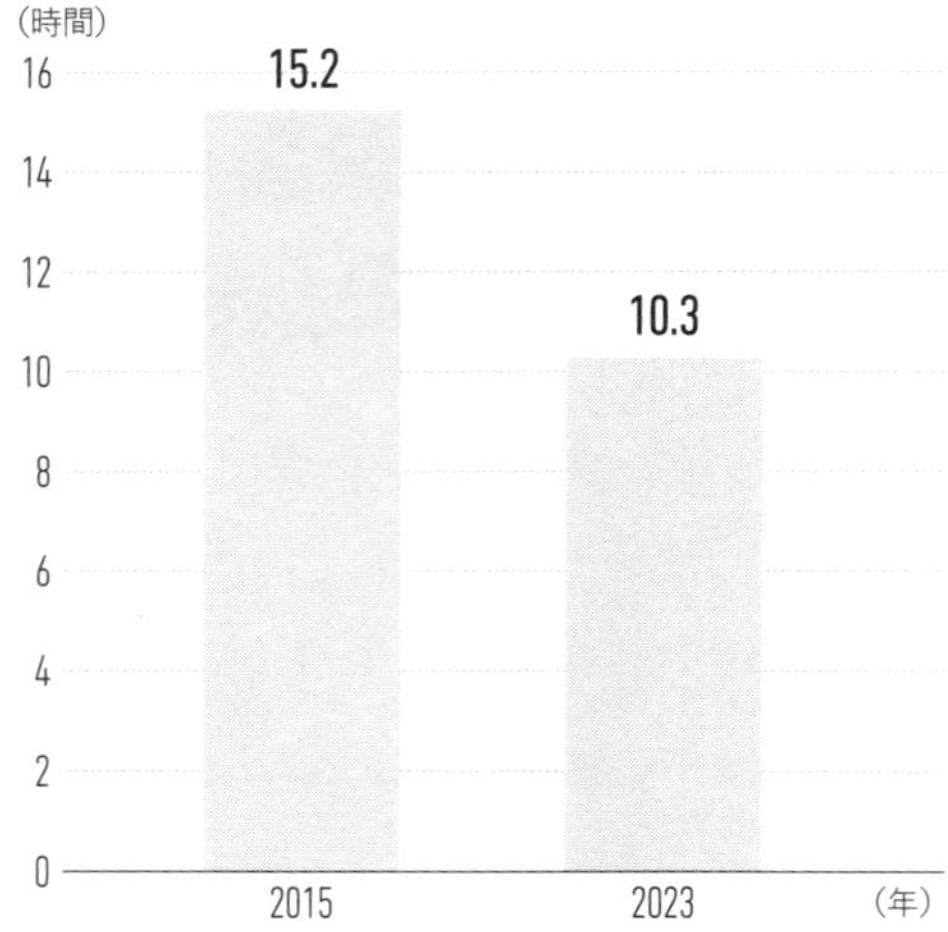

図表8　若手社会人の年間Off-JT時間

しているため、職場で育てられないし、どうせ辞めてしまうから、育てるより中途採用に力を注ごう……。大手企業を含めて、こういった戦略を取らざるを得ないのです。

企業の若手育成力が低下しつつあるのは明らかです。では誰が若手を育てるのか。日本は、そして地域社会は、今この問題に直面していると私は経営者や行政の方々に申し上げています。そしてみなさんも考えてください。**では誰が自分を育てるのか**、と。

Chapter

2

「選択できる」ことは幸か不幸か

働きかたのデザインは、とりまく時代背景や環境によって変わるものだということを、1章でお伝えしました。次に、今の時代における働きかたのデザインとはどのようなものかを考えていきたいと思います。

これからの働きかたのデザインにおいて、これまでと異なる前提が一つあります。それが**「職業人生における選択の回数が増える」**ことです。2章では、選択の回数が増えたことが、あなたの今までとこれからのライフキャリアに対してもたらす意味を考えましょう。

日本の働きかたのデザインを変えた2冊

まず2冊の本を紹介します。現在の日本の働きかたのデザインの常識を、結果として根本から変えることとなったと私が考える2冊の本です。ともにベストセラーですので、ご存知の方も多いかもしれません。素晴らしい本ですので、まだの方は実際に目を通すことをお勧めします。ここでは、この2冊がなぜ根本から日本の働きかたのデザインを変えたのか、ということをお話しします。

１冊目はリンダ・グラットンとアンドリュー・スコットの著作で２０１６年に日本語版が出版された『LIFE SHIFT』[1]（東洋経済新報社）です。様々な示唆に富む書籍ですが、このなかでリンダ・グラットンは特に重要な指摘をしています。「３ステージ人生が終わる」ということです。**学校、仕事、引退という三つのステージで構成されていたこれまでの人生が変わる**、これこそが同書が提唱する「LIFE SHIFT」でした。

この議論について、私がより重要だと感じるのは、「３ステージ人生」は「２ステップ人生」だったということです。**大きな3ステージの人生には、その構造から大きな転換のタイミングが2回しか存在し得ない**計算になります。つまり、**就活（学校→仕事のステップ）とセカンドキャリアの開始（仕事→引退のステップ）**の2回です。若手社会人において就活が大きな価値を持っていたことは、この3ステージ論からもわかるというものです。職業人生で2回しかない巨大なステップの一つだったわけですからね。選択の回数が2回だった、ということです。

もう１冊は、今野晴貴が２０１２年に出版した『ブラック企業――日本を食いつぶす妖怪』[2]です。「ブラック企業」という言葉が一般化した社会的な経緯と背景は1章で取り上げました。ここで、個人の働きかたのデザインにとって重要な意味を持っていたと私が考えていることも指摘しておきましょう。それは、「我慢せずに即、辞めたほうがいい場合がある」という常識が生まれたことです。ブラック企業に在籍し続けたら「死に至らしめられてしまう」、若者は「身を守らなくてはいけない」と、同書は強く提唱しています。私は、この**「しょうもない企業をなるべく早く退職することの合理性」**を社会的に発見し、認知させたことに、同書の若手社会人の働きかたのデザインにおける大きな意味を感じています。

私がこの2冊をピックアップする理由を、データからも解説します。

選択のタイミングは何回あるのか

リンダ・グラットンらが指摘した3ステージ人生は、2ステップ人生でもあります。

では、この2ステップは、現代ではどうなっているでしょうか。

例えば、転職というキャリアチェンジ。日本の転職希望者数は2023年に初めて1000万人を超えました（図表9）。転職希望者が増えていることも大事ですが、同時に希望している人が若手からミドルまで広がっていることが重要です（図表10）。25〜34歳の転職希望率も高いですが、45〜54歳も近年どんどん上昇し、各年代がほぼ同水準となっています。転職は、20代後半（25〜29歳）の日本の社会人全体のうち、ほぼ半数の47%が経験していますが[3]、若手のうちだけでなく、30代・40代、もしくは

転職希望者は1000万人以上

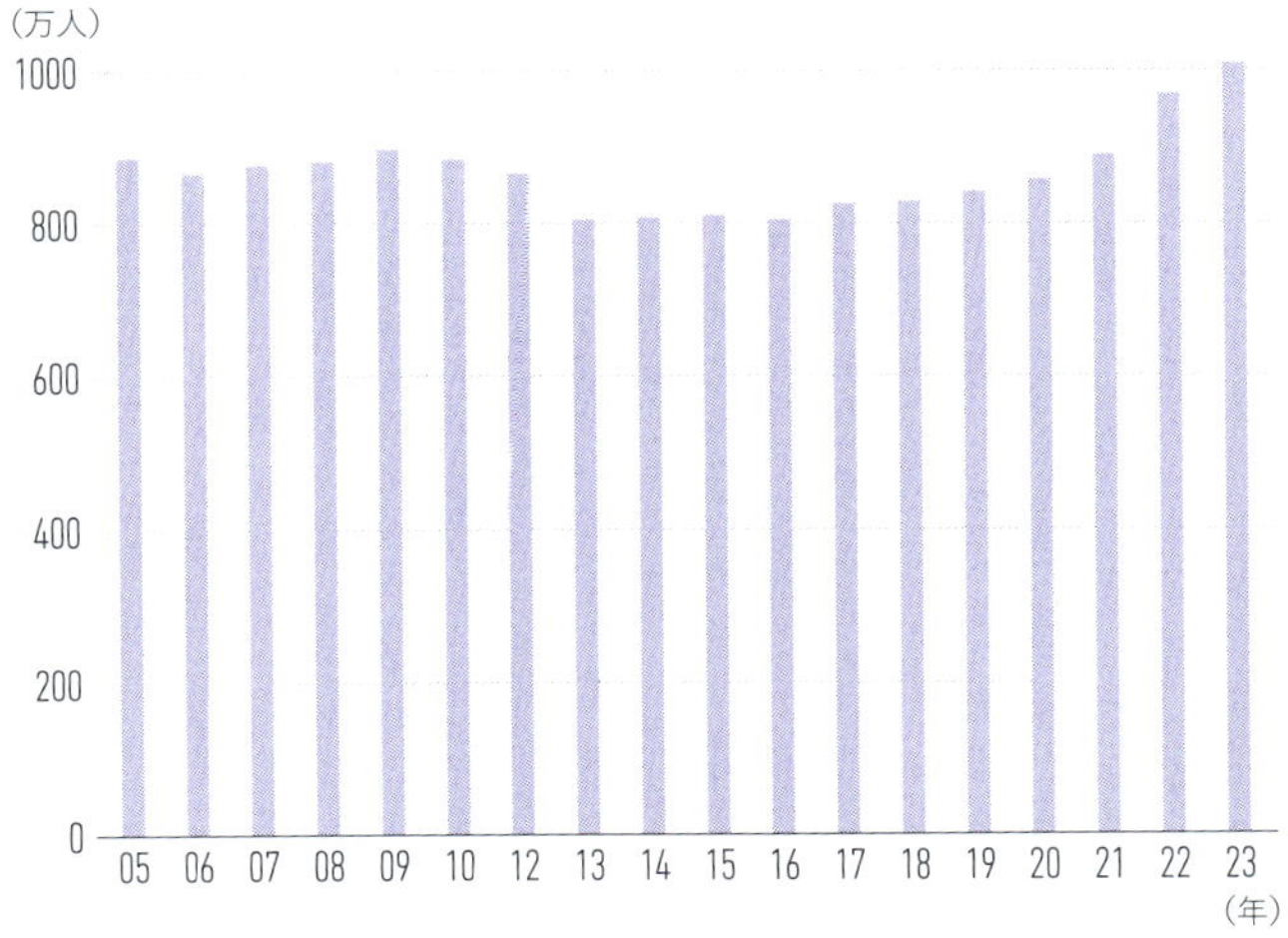

図表9　転職希望者数の推移

それ以上になっても希望する率が上がっているのです。
　また、大学や大学院、専門学校など学校で学び直すかもしれません。20代社会人の実施率は18・3%となっており、[4]また20代・30代社会人の38%は「学校機関での体系的な学び直し」を希望しています。[5]
　さらに、副業・兼業の可能性も高まっています。現時点では副業に従事した人の割合は20代で14・0%に過ぎませんが、希望者はというと、今は副業をしていない20代のうちの39・8%に上ります。[6]

ミドルの転職希望者も増えている

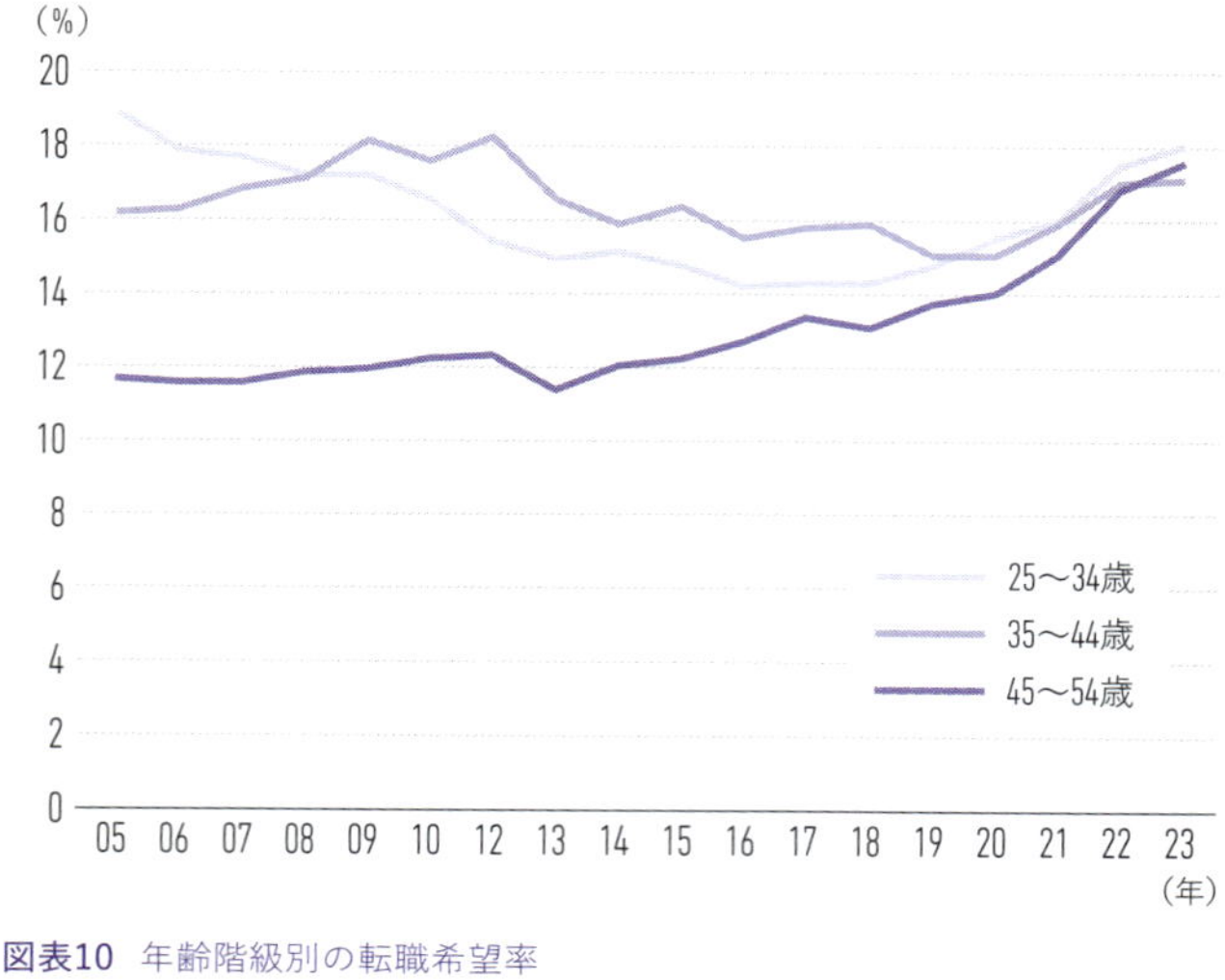

図表10　年齢階級別の転職希望率

今行っている人の何倍もの人が副業・兼業の実施を希望しているのです。

また、企業側の姿勢も近年急速に変化しており、すでに53・1%と全体の過半数の企業が副業・兼業を認めていますし、従業員5000人以上の大手企業に限定すれば66・7%と実に3社に2社が認めており（図表11）[7]、**認めていない会社のほうが少数派**の状況へ、この10年で変化しました。

こうしたデータが意味するのは、「選択の回数が多くなっている現代のキャリア（図表12）[8]」です。就

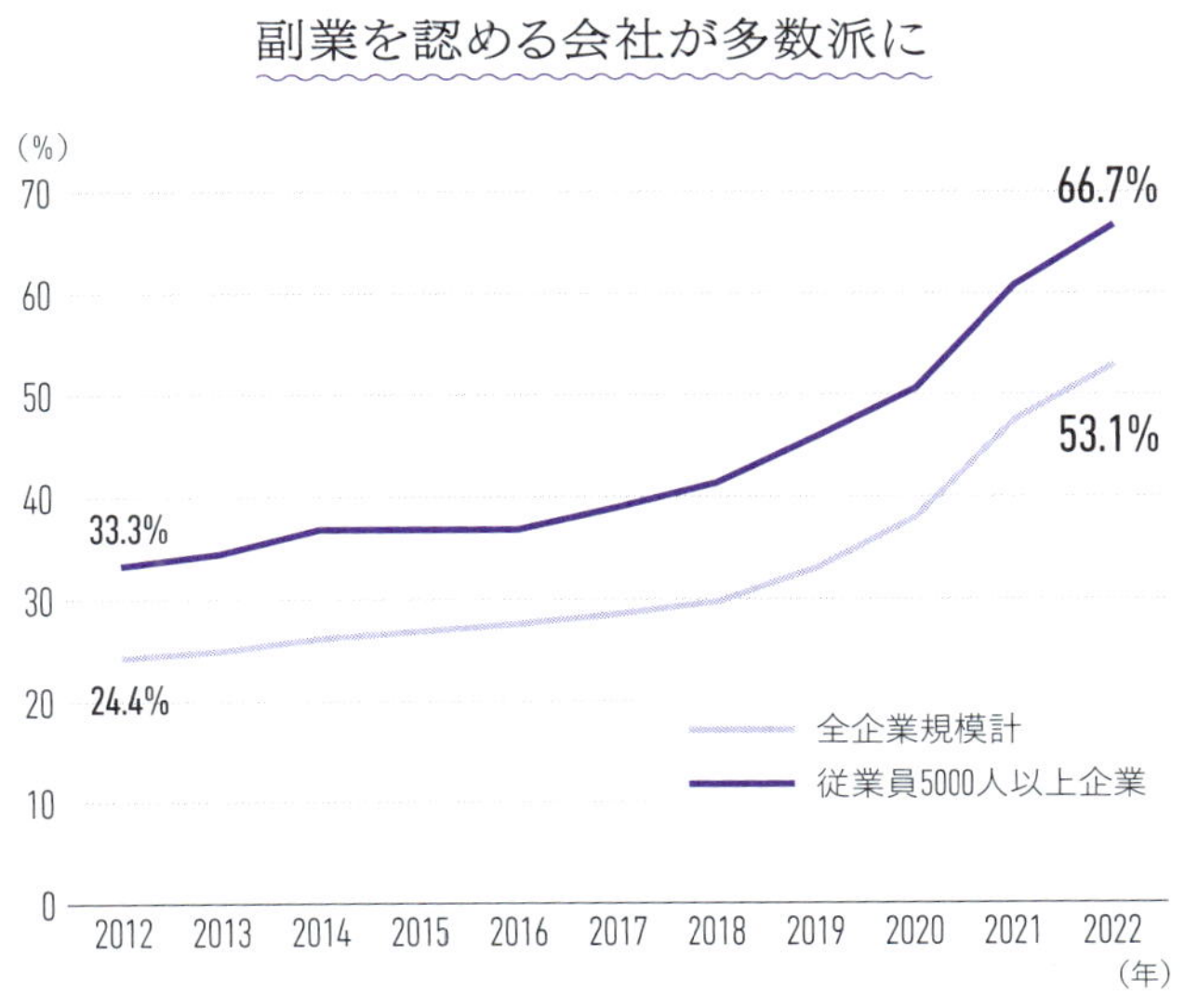

図表11　副業・兼業を認めている企業の割合（全企業規模・従業員5000人以上）

職して終わりではありません。転職もあれば学校に行き直すこともあるかもしれません。学校に行きながら仕事をするかもしれません。仕事をしながら別の仕事をするかもしれません。こうした様々なキャリアイベントが早々に起こる可能性が高いことがわかっているのです。

さらに、ライフイベントがこれに加わってきます。現代では就業者は性別を問わず、子どもの育児や親の介護といったライフイベントに携わることになります。私事ですが、私も第二子出生から3か

出会うかもしれない選択の種類と、その可能性

退職の経験	25-29歳で**47.2%** （30-34歳で**57.8%**）
副業・兼業	20代で実施率**14.0%** 希望率は**39.8%**
学び直し	20代で実施率**18.3%** 希望率は**38%**（39歳以下）
家族の介護	25-29歳の**11.0%**
子の出生	25-29歳までで**13.2%** （30-34歳で**31.0%**）

図表12　5大ライフキャリアイベントの可能性

月育休を取得しました。この際妻は育休を取らなかった（企業経営者のため育休がなかったのです）ため、私が単独で取得し、これまで培ってきた自身のキャリアが数か月とはいえ寸断することに大きな焦りと不安を感じたことを覚えています。**性別役割分業が薄れた社会においては、キャリアとライフイベントの関係は密接なものとなり、ライフイベントが起こるということはすなわち、キャリアで選択を迫られること**でもあります。

2ステップ人生ではない、選択の回数が増えた人生に、みなさんは向き合いつつあるのです。**次のステップのタイミングの予期可能性が下がり、そして早く来る。**2ステップ人生では、就活の次のステップは60歳前後だったわけですから、それと比べれば早くなることは間違いありません。

「退職という選択」の肯定

今野は、ブラック企業からの脱出という文脈で、若手の退職というキャリア選択を肯定しました。では実際はどうなのでしょうか。私はこの点について近年のデータを用いて検証を行っています。よく、早期離職といえば就職して3年以内に退職することを指しますが、この3年以内に辞めた若手がその後どうなっているのか、これをパネル調査（同一個人に対して定期的に調査をする手法）を用いて検討したのです。

結果が図表13[9]です。早期離職の有無別に、その後の仕事満足感を比較しています。分析した私としても意外な結果で、実は、早期離職をしていてもその後の仕事満足感とはほとんど関係がなかったのです。もし早いタイミングで最初

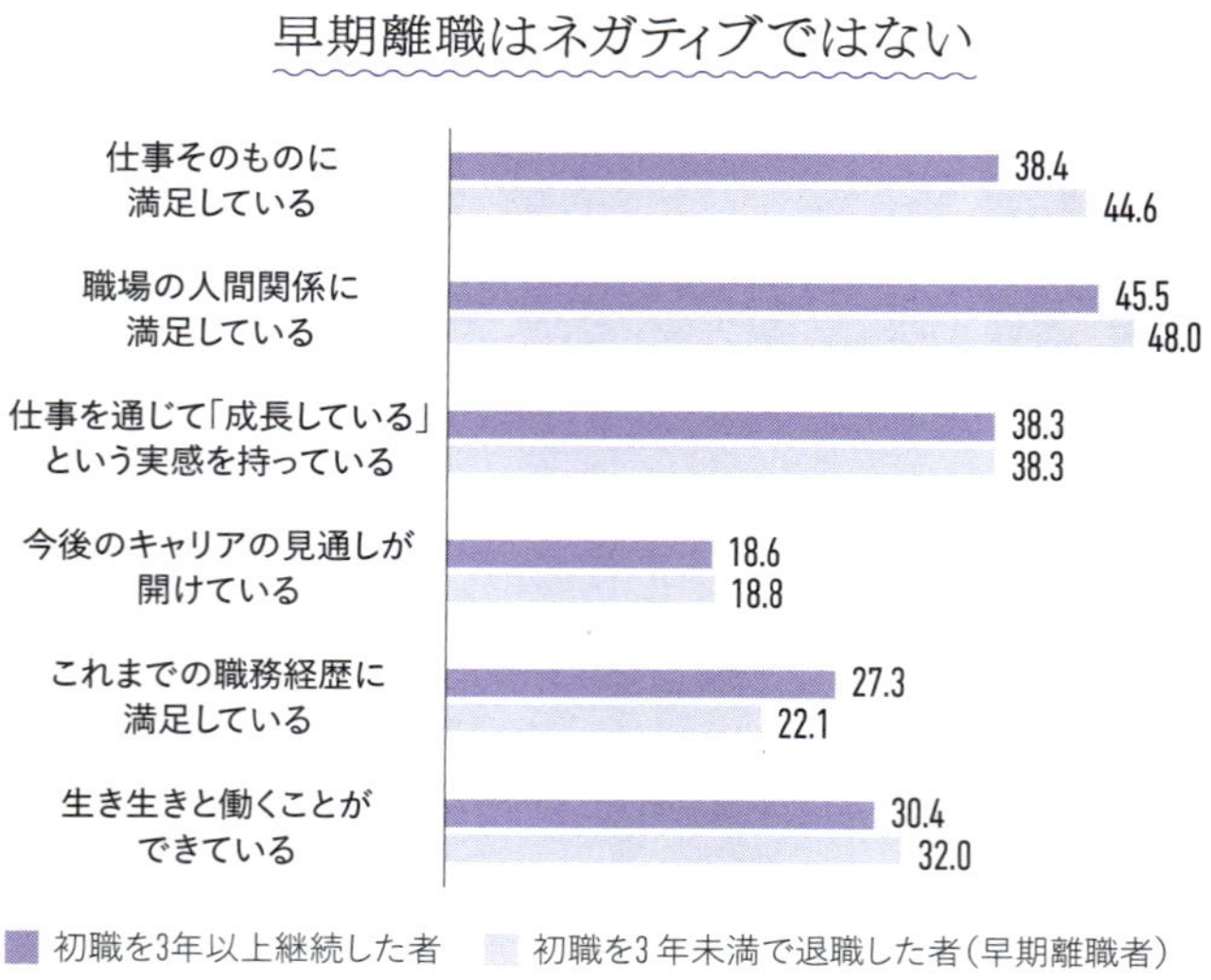

図表13　仕事に関する満足感（早期離職の有無別「あてはまる」割合）。単位（%）

に入った会社を退職してしまっても、豊かなキャリアを作ることに対する悪い影響は観測されていない。**早期に離職したからといって、その後不遇の職業人生が待っているということはない**のです。むしろ早期離職者は、離職直前の仕事満足度が低いことが観測されています[10]から、その後の仕事満足感のリカバリー具合を考えれば、**就職後に仕事に不満を感じた人にとって、早期離職することはキャリアにとってポジティブな選択肢になり得る**のです。

最初の会社が最適であれば一番良いですが、全ての若手がそうではありません。最初の会社をことさらに特別視する必要はなくなっていると言えそうです。こうしたデータからもわかるように、若手の退職というキャリア選択は、決して悪い面ばかりではない一つの選択肢として確立してきたのです。

選択回数が増えることの意味

以上のように、選択の回数が増え、離職というキャリア選択に新しい意味づけ（**単なる**

ドロップアウトではない"戦略的撤退"（とでも言いましょうか）が行われたことが、この10年ほどの動きとして顕在化してきました。紹介した2冊の書籍が時代を変えたと言えるでしょう。

ここで認識しなくてはならないのは、選択の回数が増えることの意味です。それには、大きく四つあると考えます。

❶選択のタイミングの早期化

選択の回数が増えれば、そのタイミングが早くなります。2ステップ人生ではもしかすると40代、50代まで本格的なキャリア選択を迫られることはなかったかもしれませんが、29歳までで半数が転職し、また半数が副業・兼業を実施か希望する職業社会においては、その選択の瞬間までの時間は短くなります。**これまでであれば20年・30年スパンで考えればよかったことを、数年スパンで考えざるを得ない**のです。選択のタイミングまでの時間が短くなったことで、キャリア不安が顕在化する可能性が高まります。

❷選択権の問題

「選択権」の問題が浮上します。職業人生においてキャリア選択を迫られたり希望したりした際に、より豊かなチョイスをしたいと思うのは当然です。この豊かなチョイスをするためには、どうすればよいでしょうか。どんな人が豊かなチョイスをできるでしょうか。**自分の人生の選択権を持つためには、様々な経験・体験によるスキル・専門性・知識の獲得が重要**になります。シビアな事実ですが、選ぶことができるのは、選ばれる人だからです。選択の回数が増えれば、「社内外で豊かな選択権を持てるかどうか」という視点が顕在化します。

❸サバイブによる満足感

とある20代の起業家とお話ししている際に、「サバイブ感」という言葉が出たことがあります。変化を続けていく、変わってしまった世界で、いかに「サバイブ」していくか。そういった話をまわりの友人ともするそうです。

生き残ろうとする欲求は生物であれば誰にでもあるので当然のことですが、ただ、選択の回数が増えた職業人生において、このサバイブ感を高めていくことの重要性は増しているのかもしれませんし、**単に大きな企業に在籍することよりも、サバイブ感を持って働くことのほうがある種満足感が高い状態になっている**のかもしれません。選択の回数が多いために、自分の力で「サバイブ」できた、という実感を得やすくなっているのです。

❹運の要素の低下

2ステップ人生では、大きな選択が2回あるだけでした。するとその2回の重要性は、より多数回の選択がある場合よりも高くなります。1回の選択で、「勝ち組」が決まってしまう。かつて、就職活動でそんな議論がされたこともありました。

ですが、選択の回数が増えればその1回1回の重要性は低下します。実際、先述したデータからは「早期離職」の悪影響はほとんど見られなくなっており、これを裏づけています。

1回の選択がとても重要だった職業社会においては、その1回のときにどんな景気状況だったのか、どんな出会いがあったのか、面接官が誰だったのか、最初の上司が誰だったのか、といった「運」としか言いようがない要素が大きな影響力を持っていました。

他方で、**選択の回数が増えれば「運」任せの一発勝負ではなくなるため（つまり、サイコロを振り直すことができるため）、自分でコントロールできることが相対的に増加します。**サイコロを1回しか振れないのであれば〝1〟が出る確率は約17%ですが、もう1回振り直せるのであれば最後に〝1〟が出ている確率は約3%です（もちろんゼロ%にはなりませんので運の要素は残りますが）。

「選択」はいつ来るか

選択の回数が増える。では、そのタイミングがいつ来るのかについてデータを見ておきましょう。各年代の社会人に、自身の選択のタイミングがいつだったと考えるか、振り返ってもらった調査の結果です（図表14）。それは、いつ来たのでしょうか。

年代別に結果はもちろん異なりますが、どの年代でも、最も大きなキャリア選択は「30代前半」までにあったという人が非常に多いことがわかります。50代男性では58・0%、60代男性でも49・8%、50代女性では64・5%、60代女性では51・6%が30代前半までに最も大きなキャリア選択があったと回答しています。また、概ね30%程度は「20代後半」までにあったと答えています。

重要なポイントは2点です。

①重要なキャリア選択を迎える可能性が、20代後半までに30%、30代前半までに50%程度あるということ。

②また、それ以降にも重要なキャリア選択を迎える可能性が十分に残されていること。60代男性・女性ともに、半数程度が「30代後半」以降に最も大きなキャリア選択があったと回答している。

つまり、就職したあと30代前半

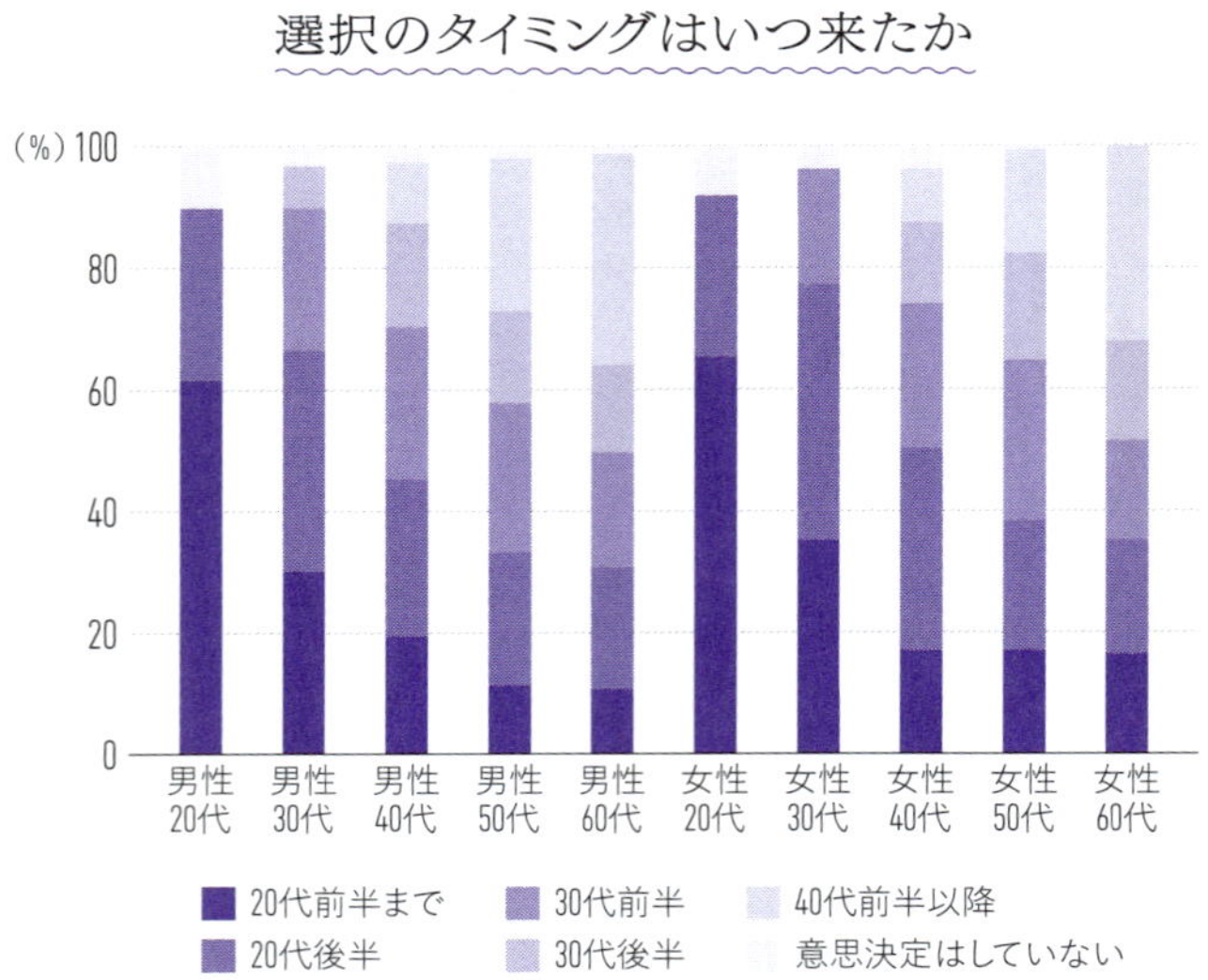

図表14 人生に最も大きな影響があったキャリア選択のタイミング

までに重要なキャリア選択を迎える可能性は高いものの、その後にもそのタイミングは来る。**選択の回数が増えた職業人生とは、「チャンスはまた来る」人生なのです。**もちろん、この結果は50〜60代の方々が過去を振り返ってのものですから、転職希望者や企業の求人が増加した現代社会でキャリアを作るあなたの場合にはさらに選択の回数は増え、キャリア選択のタイミングは早期化する一方で重要なキャリア選択のタイミングは多様化していくでしょう。

運の要素の低下とその残酷さ

キャリア選択の回数が増えることは、「失敗してもチャンスがまた来る」という職業人生になったということでもあります。一発勝負のように運の要素に大きく左右されることがなくなるわけで、サイコロを振り直せますし（第二新卒などの転職や学び直し、副業・兼業など）、選択の結果を見たうえで次の判断をより良いものにする（例：最初に入った職場での経験をふまえて転職活動の「軸」を設定する）こともできます。

今の日本は、大手企業の中途採用計画人数が10年で10倍となる、副業・兼業解禁が急速に進む、学び直しに必要な公的支援が整備される（教育訓練給付金など）など、各種データや制度から見て、本格的な**「失敗してもチャンスはまた来る」＝選択の時代**を迎えつつあると言えます。

ここまで、このキャリアにおける選択の時代は、運の要素が低下するという特徴があると考えられるとお伝えしてきました。すでに最近の若手社会人のデータからその兆候は出ているということを示しましたが、私は**これはある種、とても大変なこと**でもあると感じています。それはこういうことです。

若手会社員の甲さん。キャリアチェンジをしようと転職活動を始めた際に、転職エージェントとこんなやりとりがありました。

> 甲さんはこれまで、新卒で入社された会社でどんな部署のお仕事をされてきましたか？
> ……そうですか。それでは転職先はこういった候補になりますね

同じく若手会社員の乙さん。キャリアチェンジをしようと転職活動を始めた際に、転職エージェントとこんなやりとりがありました。

乙さんはこれまで、どんなご経験をされてきましたか？
なるほど。社内で配属先のお仕事以外で、取り組んだことはありますか。社外での経験や学んだことも教えていただけませんか。前に転職された際にはどんな新しい挑戦がありましたか。
……そうですか。それでは転職先はこういった候補になりますね

両者を比べてどう感じましたか。転職したことがある人ならば、乙さんのエージェントはかなり頼りになる、様々な経験を引き出してキャリアを整理できるエージェントだと感じたかもしれません。実際に転職を経験した私も、もし改めて転職をするとすれば乙さんのエージェントのような方にお世話になりたいと思います。

ただ、両者の違いは単に転職エージェントの姿勢の違いにだけあるわけではありません。転職エージェントが〝**想定するキャリアデザインの違い**〟が背景にあるのです。

甲さんに対する問いかけでは、入社した職場で行われる仕事が職務経歴の全てである、

という前提があります。一方の乙さんへの問いかけでは、多様な選択が行われた可能性があるという前提のもとで、乙さんのキャリアを俯瞰しようとしています。つまり、両者の相違点は、前提とする職業社会の違いでもあるのです。

現代においても職務経歴の中心は入社した会社の仕事であることは間違いありませんが、今の社会人は社内外で様々なキャリア選択をしている可能性が高まっているわけですから、それが全てではありません。

甲さんのケースでは、転職エージェントが求めた情報は、今の会社でどんな仕事をしてきたか、です。すると大枠は〝会社が決めた〟配属先でこんな仕事をしました、という内容になります。もしかすると甲さん自身が決めたことはそれほど含まれないかもしれません。

他方で、(現在の職業社会を前提としている)乙さんのケースで転職エージェントに求められた情報には、**乙さん自身が選択したことが相当量含まれる**ことになります。社内のどんな学習支援制度を使ってみたか、業務外で何を学び身につけてきたか、転職時にどんな苦労があったか、副業・兼業などはどうか……。

若手自身が選べる機会が増えるということは、**会社任せでキャリアが作られていた時**

代よりも、その選択の結果が自分自身に大きく影響するということです。

会社任せ・運任せの際には顕在化しなかったような様々なことを、**若手自身が選ばなくてはならなくなる。**私はこれはある種、とても残酷なことだと感じるのです。これまでの若手は選ぶ必要すらなかった、また、その結果は全て「会社のせい」にできたのですから。

では、乙さんは全てを「会社のせい」にできるでしょうか？

自分を責めてしまわないでしょうか。

「会社のせい」にできた頃は、なんと楽だったことでしょう。

「知人に差をつけられる」不安

選択の回数が増えるなか、みなさんの成長欲求が高まっていると考えられます。そうした状況下のキャリア不安について、私は「友人・知人と比べて差をつけられていると感じる」という〝**比較する不安**〟とも言える要素があることを指摘しています。

最初に入った会社でキャリアが完結しませんから、その後もまわりの友人・知人が様々なキャリア選択をします。すると、SNS上で、大学の同期が〝キラキラ転職〟をした、高校時代の友人が兼業を始めた、同世代の知人がこんなことをしている……といったことがリアルタイムで目に・耳に入ってきます。

「成長」や「機会」、「経験」が仕事を選ぶ際に重視するポイントである、という若手が多いという各種調査もありますが、私はこれは「若手の意識が高くなった」とか「ギラギラしてきた」ということではないと考えています。

それは、**「横並びの成長欲求」**です。まわりが変化している、選択をしている。リアルタイムでその情報が入ってくるわけですから、じゃあ自分もできるんじゃないか、となるのは当然ですし、それに伴い焦りや嫉妬を感じることもあるでしょう。選択の回数が増えたのはあなただけではありませんから、まわりからの刺激も増えることによって、「あいつができたなら、じゃあ自分も」という横並びの成長欲求が生じる。

もちろん、「自分は自分だ」とその〝横並び〟から脱することができる人もいるでしょう。会社の幹部の人から入社式などで「焦らなくてもいいんだよ」「じっくり頑張っていこう」

と言われたことがあるかもしれません。もちろん不安に思ったり焦ったりする必要は全くありません。しかし、**情報があふれる社会において「自分は自分だ」と焦らずにいることは、どれほど難しいことでしょう。**どれほどの経験を積めばそう思えることでしょう。

「新しい安定志向」の登場

こうした背景のもと、**「新しい安定志向」**が登場します。それは、寄らば大樹の「古い安定志向」とは趣を異にするものですが、キャリアを安定させたいという目的や動機は、どちらも同じです。

古い安定志向では、「大きくて有名な会社に入ること」が安定の力の源でした。より良い安定を得るために、より大きくてより有名な会社を目指して就職活動をしたのです。ただ、現在では選択の回数が増えたことによって、運の要素が低下した一方で、わりと早期にやってくる選択のタイミングのために、「サバイブ感」を高めることの大切さが上昇しました。キャリアの選択権を持つために必要なこととして、多くのものを身につけることの重要性が増してきます。つまり、**「自分自身に経験・知見・スキルを身につけて、この職業社会の荒波を乗り越え、豊かなキャリアを作っていこう」と思う。これが「新しい安定志向」**です。

この「安定志向」に必要なものが、古い安定志向と異なることがわかっていただけたと思います。あくまでも、その目的は「自分自身のキャリアを安定させること」で、全く同じです。しかし、働きかたのデザインの方法は変わったのです。

様変わりした“安定志向”のかたち

	古い安定志向	新しい安定志向
背景	長期雇用、年功序列による2ステップ人生	選択の回数が増えた人生
追求するもの	大きくて有名な会社に入社することでリスクを減らす	経験・知見・スキルを身につけることで選択権を保持する
重要な機会	就職	就職後の仕事や様々な活動
目的	職業人生から不確定性を減少させ、安定させること	職業人生から不確定性を減少させ、安定させること

図表15

自分らしさと成長を両立するために

Chapter

3

現代の働きかたのデザインを悩ましく、難しくしていると私が考える、とある**「認知的不協和」**を提示します。そして、矛盾する二つの気持ちはどのように共生しているのでしょうか。

矛盾する二つの気持ちの共生関係

人間は矛盾する二つの気持ちを同時に抱えることができます。

好きだけど、距離を置きたい

楽しい時間だったけど、無駄だったような気もする

損をした気持ちだけど、幸せでもあった

毎日暮らすなかで、こうした複雑な心境になることは少なくないでしょう。簡単には割り切れないですし、割り切る必要もないのかもしれません。

「認知的不協和」という概念もあります。L・フェスティンガーが提唱したもので、「新しい情報が既存の信念、態度、規範や行動と矛盾する場合に起こる」[1]とされています。自分が好きなもの、大事にしたいと思うもの、信じているもの。そういったものに対して、矛盾する心理が生じたときに起こるのが認知的不協和です。この**認知的不協和が起きると、「心理的に不快になる」＝ストレスや不安心理が高まる**とされています。

現代の若手社会人のキャリアデザインにおいて、私は二つの矛盾する気持ちが共生していることを指摘しています。これまでにたくさんの若手社会人にインタビューをしてきましたが、その際に多く出てきたキーワードが二つあったのです。

一つは「**自分が良いと思ったものを大事にしたい**」「**〝ありのまま〟でいたい**」といった意味の言葉、もう一つは「**なにものかに早くなりたい**」という意味のフレーズでした。

一つ目の「自分が良いと思ったものを大事に働きたい」「〝ありのまま〟仕事したい」という言葉について説明しましょう。それは具体的には、「自分が好きな場所で働きたい」

「休みを好きなときに取れる職場で働きたい」「後悔なく仕事をしたい」「30歳までには結婚したいので、それができる会社を選んだ」「家族を優先するスタイルで仕事をすること」「身近な人を裏切らない仕事」など、自分が良いと思う仕事をありのままにしたい、という声でした。

仕事が人生全体に占める割合が昔と比較すると低下するなかで、個人個人の意向が尊重されるようになりました。そのままの自分で、自分が良いと思うものを軸にして、といった価値観を大事にしながら就業している姿勢が見えてきます。

二つ目の「なにものかに早くなりたい」についてもお話ししましょう。こちらは、「この職種で一人前になりたい」「バイ・ネームで依頼されるような人間になりたい」「分野の第一人者になりたい」「この道の人間です、と言えるレベルに」「30代前半までに大きな成功体験をしたい」「今は修行期間だと思っている」といった、早く一人の社会人として社会に認められ、求められるようになりたい、というフレーズです。こちらも本当に多く聞くことができます。

今はなにものでもない自分だが、社会の中でいつか個として尊重され自律的であることができる、替えの利かない一人の社会人になりたいという点にこだわりを持って仕事

若手社会人の働くことに対する気持ちのグラデーション

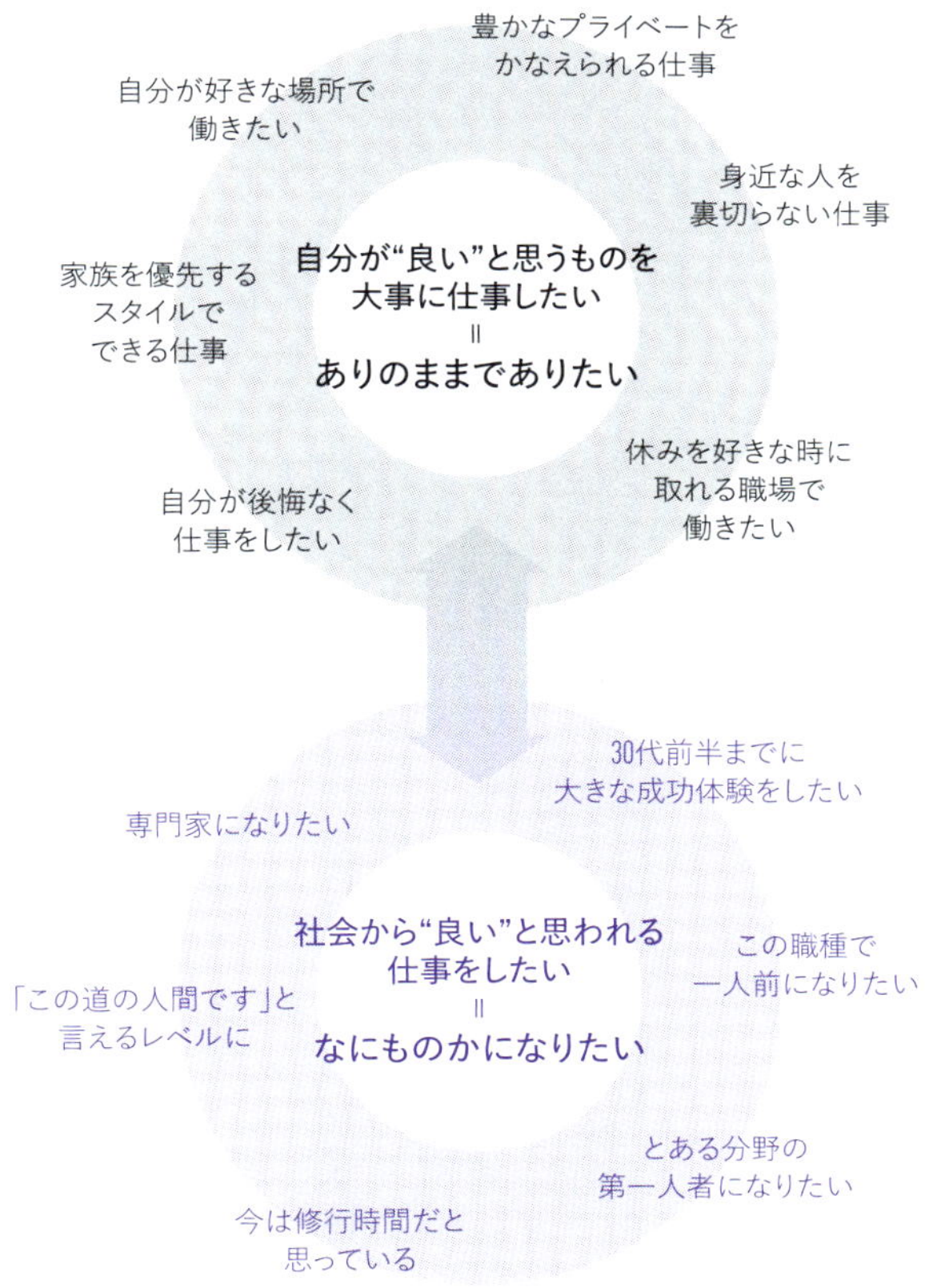
豊かなプライベートを
かなえられる仕事
自分が好きな場所で
働きたい
身近な人を
裏切らない仕事
家族を優先する
スタイルで
できる仕事
自分が"良い"と思うものを
大事に仕事したい
=
ありのままでありたい
休みを好きな時に
取れる職場で
働きたい
自分が後悔なく
仕事をしたい
30代前半までに
大きな成功体験をしたい
専門家になりたい
社会から"良い"と思われる
仕事をしたい
=
なにものかになりたい
この職種で
一人前になりたい
「この道の人間です」と
言えるレベルに
とある分野の
第一人者になりたい
今は修行時間だと
思っている

図表16

に臨む姿勢が見えてきます。

「ありのまま」と「なにものか」のグラデーション

こうした二つの価値観は、ともに「ライフとキャリアと両立しよう」「個を尊重しよう」「自律的であれ」といった現代社会からの要請でもあります。一方で、もちろん、気持ちというのは誰かに押しつけられたから感じるものではありませんから、個人の素朴な気持ちでもあるのだろうと思います。

ポイントは、一人ひとりバランスは異なるものの双方の感情が共生・共存していることです。「ありのままで生きていく」「頑張らなくてもいいよ」というストーリーは素晴らしいものとして様々な形で発信されていますし、また他方で、若くして「なにものかになった」「きっかけをつかんだ」同年代の話を、希望と祝福を込めてシェアしたこともあるでしょう。

「ありのまま」と「なにものか」という二つの気持ちがグラデーションのように曖昧な

境界線を持ちながら揺れ動いていることに、現代の若手のキャリア観の特徴があると私は分析しています。あなたは今、どちらの気持ちのほうが強いでしょうか。

どっちが良くてどっちが悪い、ではありません。どっちも大事なのです。両方ともとても大切です。だから、大変なのです。この二つの気持ちは、実は相互に矛盾する要素をたくさん持っているためです。

ありのままで働こうとすれば、「なにもの」かになるためには遠まわりになるかもしれません。「なにもの」かになろうと思い社会の最前線で必死に働きながら、自分が良いと感じたものを大事にし続けるのは難しいかもしれません。

こういったモヤモヤした声も聞くことがあります。

頑張らなくてもいいんだよ、あなたのままで大丈夫だよ、と言う人の多くが何かの分野ですでに成功している人だったりして……。それはあなたがすでに、全力で何かを頑張ったからそう言えるんですよね、と感じてしまいますこの「ありのままでいたい」と「なにものかになりたい」は、同時に両立できるとは限らない、またおそらく簡単には両立できないものです。**特にキャリアの初期、専門性が未確立の時点では両立はほぼ不可能**である様子がインタビューから見られ、矛盾する二つの気持ちとして存在することになります。

ケース1

プライベートの時間を大切にしたい。そんな気持ちで、就職活動では残業が少なく、休みが取りやすい労働環境を軸に会社選び。見事に意中の企業に入社することができました。しかし、入社して1年が経ち、こんな気持ちがモヤモヤと湧き上がっていることに気が付きます。

ゆくゆくはあの仕事がしたいので、今よりも早くたくさんの経験がしたいのだけど……

ケース2

充実した成長機会に直面したい。そんな気持ちでキャリアチェンジを考え、得られる仕事の機会やスキルを精査し、見事に意中の企業に転職することができました。しかし、転職先に入社したあと、ふとこんなことを考えることがあります。

自分が幸せになるためには、こんなキツイ仕事をするのは遠まわりなんじゃないだろうか……

この二つの話はたとえ話にすぎませんが、最後に□で書いた二つのコメントは実際に何人もの方が語っていた声です。正直に言えば私にも、このそれぞれの気持ちを感じたタイミングがあります。ないものねだりと言えばそうかもしれませんが、それが**二つの気持ちのグラデーションが揺れ動く**ということです。

ちなみにフェスティンガーは、認知的不協和は人に不快さを与えるため、それが起こることがわかると不協和を増大させるような情報を避けるようになったり、自分の心の中の矛盾から逃れようとするための衝動的な行動を起こしたりする、と指摘しています。フェスティンガーは1957年にこの理論を提唱していますから、今から実に70年前の指摘ですが、**不協和を増大させる情報を避ける**（**SNSを見ないようになる、同じような状況の友人・知人とだけ話をするようになる**）、**矛盾から逃れようと衝動的な行動を起こす**（**いきなり転職する**）、**といった指摘は現代でも思い当たることがありすぎる**と言えるでしょう。

繰り返しますが、これは単に悪いとか良いということではありません。社会が転換して法制度から労働環境までが大きく変化（ゆるい職場）し、併せて個人のキャリアにおいて選択の回数が飛躍的に増えたなか、この矛盾する二つの気持ちが共存するようになったことは必然です。先述したとおり、「ライフとキャリアの両立」や「キャリアの自律」は社会からの要請なのですから。**かつてのような就活という1回きりの勝負に勝ったうえで〝逃げ切る〟ことは、もはや不可能だとわかっている**のですから。

就職先選びは見栄え重視だった

2度の転職を経て現在は不動産の事務職をしている20代後半の女性。

そうです。

> 好きなことややりたいことというよりは、「どこで働いてるの？」と友達とか知り合いに聞かれたときに、言えば「あ〜その会社なんだ」と言われる会社を選びました

「親もまわりに自慢できてたし、親孝行」だと感じていたそうです。しかし最近、「やりたいことを真剣にやるべきなのではないか」と悩んでいると話していました。

「20代のうちに経営者になりたい」と語っている女性がいましたが、一方で「プライベートでも何かを諦めることはしたくない」と思っているそうです。また、東京から四国へ移住してライフスタイルを追求した20代の男性が語っていたのは、「自分でないとできない仕事をしたい」という言葉でした。

矛盾するあり方、それぞれに必要なもの

2010年代前半までの〝逃げ切る〟ことができていた職業社会では、「なにものか」

になることは所属する会社が保証してくれていました。その会社で働けば30歳で主任、40歳で課長、50歳で部長になれる。すると年収はこのくらいで、社会的な地位はこれくらい。自分がなにものであるかは、「年齢」と「所属する会社の名前」との掛け算で決定していたのです。

ただ、選択の回数が増えたことで、このシンプルな掛け算が複雑になっています。転職あり、副業・兼業あり、学び直しあり、社外での様々な活動あり、ライフイベントあり。そうなってくると当然、**「なにものか」になるルートも複雑化**していきます。何が必要で、何が必要でないのか。ある人はキャリアのコスパを重視するがあまり、極度に近視眼的になってしまい中長期的に有用な経験を「無駄だ」と切り捨ててしまう。また、とある人は取捨選択ができず情報の海におぼれてしまう。

ありのままであることも、かつては会社と家族という二つの共同体が強力に担保していたのかもしれません。そのうちの一つ、会社という空間で「ありのまま」であるために、その会社に長くいて、多くの同僚に自分というキャラクターを知ってもらい、自分も共感できることを増やし、組織文化と自身の気持ちを一体化していくというやり方（「組織社会化」と呼ばれます）が成立していました。しかし、こちらも選択の回数が増えたことによって、従来のように単一の会社とのフィット感だけを追求する戦略は取りづらくなっています。

「なにものか」になるために必要なもの

選択の時代に、「なにものか」になる（社会で自分が大切にされる）ために必要なものは何でしょうか。本書の後半で具体的な考え方を示しますが、ここでは以下3点を押さえておいてください。

❶職場の心理的安全性[2]

人間関係のリスクなく、自身が思ったとおりの言動を取ることができる、心理的安全性の高い職場は、自己が持つ能力やスキルを発揮し、パフォーマンスを最大化して新たな機会を生み出すために重要だと考えられ、必要な要素の一つです。

❷職場のキャリア安全性[3]

「その職場で働き続けた場合に、自分がキャリアの選択権を保持し続けられるという認識」と言える職場のキャリア安全性は、若手がその職場でのエンゲージメントを高める効果があることがわかっており[4]、必要な要素の一つです。

❸仕事の質的な負荷

「仕事の難易度が高く感じる」「仕事で新たに覚えることが多いと感じる」といった仕事の**質的な負荷**は、成長実感を高める効果があることがわかっており[5]、必要な要素の一つです。他方で、仕事の**量的な負荷**（「労働時間が長い」）や**関係負荷**（「上司や先輩から理不尽な指示が多い」「人間関係のストレスを感じる」）といった負荷には成長実感を高める効果がない（関係負荷に至ってはむしろマイナスの影響があります）ことがわかっていますので、注意が必要です。

「ありのまま」でいるために必要なもの

また、一方で選択の時代に「ありのまま」でいる（自分が大切にしているものを大切にできる）ために必要なものは何でしょうか。ここでもまずは以下3点を押さえておいてください。

❶フィットした労働環境

労働時間や就業場所といった仕事の環境が自分にフィットしているか（またはフィットさせられるか）という点は、個人が「ありのまま」の姿勢で就業するために、必要な要素の一つです。例えばリモートワーク頻度が高い場合、プライベートの時間で様々な社会的な活動を行う頻度が高い傾向が見られています。[6]

❷ライフキャリアへの支援

選択の回数が増えるなか、育児休暇や介護休暇に代表されるライフイベントに直面する可能性や、直面するだろうという予見可能性が高まっています。相談体制や各種休暇制度、またその取得の容易さなど、キャリア形成からライフイベントまで含めたライフキャリア全体への支援は、就業先で自分が大切にしたいものを大切にし続けるために、鑑みる必要のある要素の一つです。

❸相互理解

職場で自分が大切にしているものを守るためには、それが共有され、理解されている必要があります。この共有と理解は双方向のもので、一方だけが理解されているということではありません。相互に理解し合える、私は「自己開示のキャッチボール」と呼んでいますが[7]、このキャッチボールがなされていることが、必要な要素の一つです。

わかっていただけたと思いますが、この両者がいきなり両立することはまず難しいでしょう。重要なのは、**一つ目に、あなたは今「ありのまま」でいることと「なにものか」になることのどちらを優先したいか、二つ目に、あなたの今の「ありのまま」と「なにものか」の充足度は何パーセントずつくらいか**を把握することです。この2点の質問への答えを、まずは心の中で考えてみてください。これが働きかたのデザインの起点となります。

Chapter 4

三年いても温まらない

就職先としても人気の、とあるスタートアップ企業の経営者がこんなことを言っていました。

自分の会社に3年ほど前に入ってきた若手が優秀で、本当に助かっています。自分は社会人になって最初の3年、本当にみっちりと仕事をしたことが今の専門性に結び付いていますので。今いる若手はそこまで〝みっちり〟ではないかもですが、昔と比べると労働時間も短くなっていますし十分ではないでしょうか

この言葉が意味することは、何でしょうか。

この世界には、時代がいくら変わろうとも変わらない「普遍の原則」が存在しています。自然科学の法則は言わずもがなですし、社会科学においても、経済学の大前提となっている、人は財やサービスを消費することで自身の満足感を高めるという「効用」に関する考え方も普遍のものでしょう。

私は、働きかたのデザインにも普遍の原則があると考えています。それは**「1万時間の法則」**や**「最低必要努力量」**（MER、Minimum Effort Requirement）と呼ばれるものです。

1万時間の法則と最低必要努力量

フロリダ州立大学のエリクソン教授が提唱した1万時間の法則[1]や、神戸大学の金井名誉教授が提唱した「最低必要努力量」[2]は、**人間が社会のなかで一定の専門性を発揮するためには、一定の就業経験を獲得するための投資が必要である、**とされる概念です。特に1万時間の法則については、様々なところで触れられるので、聞いたことがある方も多いと思います。

エリクソン教授は「時間の経過に伴うパフォーマンスレベルの一貫したパターン」を指摘し、一定の基準として「1万時間」や「10年」という基準を提唱しています[3]。この際、1万時間という数値の妥当性はあまり重要ではありません（2000時間かもしれませんし、3万時間かもしれません。領域によって異なると考えるのが普通です）。ただ1点だけ、人が社会に生きる場合に生じる普遍性に注目します。

ポイントは**稀少性**です。経済社会においては、稀少でないものに高い価値を感じる人はいません。そのあたりに落ちている小石と、ダイヤモンドを交換する人はいませんよね。人気が高まっているトレーディングカードは、単なる印刷物ですが、稀少性によって取引価格は驚くほど変動します。**働きかたのデザインにおける「努力投資」は、自らの専門性や知見・経験の稀少性を高めるプロセス**であると解釈することができます（ポイントは稀少性なので、人気のある領域では必要努力量は多く、人気のない領域では少ないと解せられます）。

では、このプロセスは社会が変わると劇的に変わるものなのでしょうか。例えば、生成ＡＩや汎用ＡＩ、ＩｏＴなど続々と出現する先端技術によってなくすことが可能なのでしょうか。

もちろんある程度短縮することは可能でしょうし、事実、オンラインラーニングの際などに、すでにその恩恵を受けている人もいるかもしれません。しかし、ポイントは稀少性なのです。その時々の先端技術によってプロセスが短縮されるという効果は多くの人に及びますから、個人の学習への技術導入速度（例えば、学習にＡＩを使い始めるタイミングが早いか遅いか）の違いによって一時的に差がつくことはありますが、中長期的な目線で見て、みんなが同じように短縮されれば稀少性はなくなるので、もっと異なる投資を求められることになります。

もし、とても短い時間、例えば20時間で専門家になれて1時間に1万円の報酬がもらえるようになったとすれば、他の人もこぞってその20時間の投資をすることでしょう。

すると、その〝専門性〟に高い報酬が支払われることはなくなります。**最低必要努力量というのは、決して「自分が自分を専門家だと思えるための投資量」ではなく、「社会で専門家だと認められるための投資量」**なのです。

キャリアの稀少性を高めることに一定の投資が必要、という関係は人類がアリストテレスの言う「社会的動物」である限り、変わらない普遍の原則でしょう。それは技術がいかに発展しようとも、人が社会を形成して様々な人々と一緒に生きていく限り変わらないのです。

「1万時間」の意味が変わった

ここからが重要です。キャリアデザインにおいて普遍の基本原則だと私が指摘する「1万時間の法則」「最低必要努力量」ですが、その実践上の意味は大きく変わり得るものだと考えます。具体的に言えば、**今の環境においては「1万時間をいつまでに修了できるか」「最低必要な努力量の投資がいつまでに完了するか」**のタイミングが、後ろ倒し

になる圧力がかかっています。

２０１０年代後半以降の労働法改革によって、日本企業が「ゆるい職場」へと変わっていったことを制度と統計の両面から触れました（１章）。このゆるい職場は、若手の能力や期待に対して質的な負荷（ストレッチな経験と言われるもの）や成長機会が乏しいことが[4]特徴です。労働時間も短くなっています。もちろん、決して悪いだけの変化ではありません。しかし、一つの企業の仕事で最低必要努力量を獲得できるタイミングが後ろ倒しになる可能性が高まります。

私は２０１０年頃までの量的な負荷も関係負荷も高かった日本の職場が決して良いとは思いませんが、当時は質的な負荷を感じる機会が多かったこともまた事実です。土日なく、深夜まで残業をして様々な修羅場を経験して育っていた時代と比べ、いま同じ１年間で習得できるものを増やす・維持することは容易ではないのです。当然に、最低必要努力量に達するまでの期間が長くなります。社会で専門家として認められるためにかかる期間は、これまでのような職場での業務を中核とした働きかたのデザインを今の時代にしようとする限り、どうしても長くなってしまうのです。

崩壊した「石の上にも三年」

もっと言えば、**ただ待っていては1万時間が来るタイミングは目途すら立たない**のかもしれません。

情報通信業に在職する20代男性はこう語っていました。

> 今の会社は本当に言うことない最高の会社なんですが、このままいたら、だんだん**この会社でしか働けなくなってしまうのではないか**と感じています。自分にできることが増える速度が、期待していたよりもかなり遅いんです

また、大手製造業に在職する入社2年目の女性はこう語っていました。

> ずっと一人で立たせてもらっていない感覚があって。いつになったら一人でお客さんに対応できるのかわかりませんし、**自分でできるという自信があったとしてもその機会がない**ことが少し不安で。自分の力がまだ足りていないのかもしれませんが、でも実際にやってみないとその確認もできないですよね

もともと日本には、「石の上にも三年いればあたたまる」という、働きかたのデザイン上でもよく使われ、おそらく妥当性も高かった格言がありました。同じ会社・職場の仕事を文句を言わずに粛々と継続していればいっぱしの人物になれた、ということでしょう。

しかし、現代の労働環境で、本当に石の上にじっと三年いればあたたまるのでしょうか。じっと忍耐強くその会社の仕事をこなすだけで、一人前になれるのでしょうか。長時間働いてその職場に住むかのような環境下で就業していたかつての社会人は、じっと何年かいれば一人前になれたのかもしれません。しかし、環境は変わったのです。**かつては会社のなかの経験をしっかりと我慢してこなしていれば仮にも独り立ちできました。**しかし今では会社のなかの経験をしっかりとこなすだけでは独り立ちすることに何年かかるかわかりません。もしかすると独り立ちできないかもしれない。

重要なことは、かつては「我慢すれば一定の期間後には、その分野で仕上がる（十分な投資量を獲得できる）」というキャリアへの期待が職場においてあったということです。

この我慢という点について、少し余談をさせてください。日本の戦国時代の戦史を見ていると、しばしば〝籠城〟という戦略が取られています。自軍より大きな戦力の敵軍がやってきたとき、野戦での勝利が難しい場合に城に入って守ることで、教科書レベルで有名な戦いだと、大坂冬の陣（１６１４年）や小田原攻め（１５９０年）があります。城という守るために造られた巨大建造物に入れば安全かと思いきや、この籠城戦略が成功するのは〝援軍（後詰め）が来ると期待できる〟ときだけだそうです。将来の援軍も期待できないのに、ただ城に籠って我慢し続けることは精神的にもきついのでしょう。いずれは落城してしまうことが多いのです（例に挙げた二つの戦いも、ともに籠城した側が敗北しています）。

〝我慢〟というキャリア戦略が有効なのも、そこに将来への期待があるからではないでしょうか。これを我慢すれば豊かな職業人生へ向けて大きな経験になる、専門性が身につく、「なにものか」になれる。こうした期待が職場だけで十分に生み出されていた時代は、なんと幸せだったことでしょう。期待がなければ我慢はできない、いずれはギブアップしてしまう。我慢という戦略は、職場で構築できるキャリアへの期待が低下した今、有効性を低下させていて、現代の働きかたのデザインにおいてこの戦略を取ることを難しくしています。

最近ではよく「ロールモデル不在」が問題になりますが、背景には、このキャリア戦略の有効性の低下があると考えます。これは別に上司や先輩に問題があるわけではなく、そもそも少し前まで有効な戦略が違ったのですから、モデルになるはずがないのです(図表17)。

新しい働きかたへのクエスチョン

さて、ではここまで提示してきた統計・調査・学説・労働環境・制度などをふまえて、考えをまとめましょう。現代の、「**選択の時代**」「**ゆるい職場の時代**」の働きかたのデザイン最大の課題は、以下のとおりです。

新旧の働きかたのデザイン戦略

時期	2010年代以前	2020年代以降
背景	・長期雇用と年功序列による2ステップ人生 ・古い安定志向の存在	・職業人生における選択の回数の増加 ・新しい安定志向の顕在化
有効な投資姿勢	我慢	行動
主な努力投資の場所	職場	職場・有志活動・社外活動など様々
期待される投資の見返り	・社内での昇進・昇格 ・より良いポストへの就任	・働きかたのデザインにおける選択権の獲得
キャリアにおける稀少性の主な源泉	少しでも大きくて有名な会社で働き続けたこと	様々な経験・知見を獲得したこと

図表17　二つの働きかたの戦略

――では、どこでどうやって1万時間を獲得するのか
――では、どこでどうやって最低必要量に達するべく努力を投資するのか

職業社会における稀少性を獲得するために一定の努力投資が必要であるという、キャリアデザイン普遍の原則。しかし、経済社会の変化によって、この原則が実際のキャリアづくりにおいて社会人に取らせていた戦略は、全く異なるものになろうとしています。

かつてのキャリアデザインにおける〝正攻法〟、メインの職場で我慢をしつつ機会をうかがうという戦略の有効性が低下するなかで、新たな戦略の基本的な方針は、以下の三つとなるでしょう。

①空間的投資：外と内のバランスをずらして投資する
②段階的投資：小さく次々と投資する
③並行的投資：同時に様々な投資をする

そしてその最終的な目標は、〝**いかに「安定」するのか**〟であることは変わりがありません。不安定を好む生物はいません。持続可能で安定的な職業人生を歩むために、新しい社会・環境のなかで、いま何が必要なのでしょうか。

巨人の肩の上に乗る

Chapter

5

本書冒頭で、100年前に創始された新卒一括採用からの若手育成という方法は、その後の100年を切り開いた重大なイノベーションだったとお伝えしました。

しかしそのイノベーションは、環境が変わったことで機能を低下させつつあることが、データからもわかっています。そんななかでみなさんはキャリアを実際につくっていかなければなりません。その指針となり得る理論を、これから見ていきます。複雑性や難易度は上がっているのですから、そう、使えるものは全部使って。

巨人たちのキャリア理論

世界が変わっても変わらない普遍の原則があるとお話ししましたが、働きかたのデザインにも「こうすると・こう考えると上手くいくんだよ」というセオリーがあります。使えるものは全部使っていかないと、絶対の成功法則がなく多様化している現代のキャリアを豊かにすることなどとてもできません。ですので、まず、出発点は色あせることのない**巨人たちの理論**になります。

「選択の時代」と「ゆるい職場の登場」という二つの大きな社会環境変化をふまえて、巨人たちのキャリア理論がどのように有用か考えていきましょう。

◆特性因子理論　――マッチングの問題

アメリカ人のフランク・パーソンズが１００年以上前（１９００年代初め）に提唱した特性因子理論から、紹介を始めましょう。

パーソンズは当時の若者が職に就いてもすぐに失職してしまうのは、決して能力が不足しているわけではなく、職業の探し方に問題があると指摘します。**自分の特性に合わせた適切な職業を見つける**ことができればよいのではないか。これが特性因子理論です。人と職業がマッチングしている場合には、仕事の満足度も高く、失職も防げるというのです。

さて、この特性因子理論ですが、実はみなさんにとっても付き合いが深いキャリア理論の一つと言えます。例えば、就活の際のＳＰＩ。受けた方が多いのではないかと思いますが、開発経緯が詳らかにはなっていないため確固たることは言えないものの、[1] 特性因子理論とその直接の影響を受けた一般職業適性検査（ＧＡＴＢ）の考え方を背景にしたものと考えられています。個人の特性を測定し、その会社・職業に向いているか精査するのです。就活面接をよく、「お見合いみたいなものだから」とたとえますが、このお見合いという発想はまさに特性因子理論が指摘する、人と仕事との関係はマッチングの問題であるという考え方を下敷きにしたものでしょう。

現代においても、「特性に合わせた職業選択」の重要性は決して色あせることはありません。ただ、その特性自体には変化しないものもあれば変化するものもありますし、そもそも選択の回数が増えているのですから**「自己の幅を広げて稀少性を上げるために、意図的に自身の特性と仕事をずらす」チョイス**も有効になっているかもしれません。

◆ライフキャリア・レインボー――人生は本業の仕事だけではない

では、良い仕事を選ぶことができれば、人生はハッピーなのでしょうか。

アメリカ人のドナルド・スーパーが１９５０年代に提唱したのがライフキャリア・レインボーです。もともとスーパーは職業人生を通じた変化を表すために、誕生から死亡までに5段階のライフ・ステージがあることを指摘していました（成長段階（0～14歳）、探索段階（15～24歳）、確立段階（25～44歳）、維持段階（45～64歳）、解放段階（65歳以上））。

この各ステージで果たす役割が変わっていくことを整理したのが、ライフキャリア・レインボーです。虹のように見えるために（7色ではなく6色ですが）、そう名づけられています。六つの役割には、子ども・学生・余暇人・市民・労働者・家庭人があります。それぞれの役割の重要性については「情熱的側面（思い入れの程度）」「行動的側面（時間やエネルギーの投入の程度）」「認知的側面（役割に対する知識の程度）」の3要素によって決定されます。

現代において、ライフ・ステージの変化や役割の多様性は、むし

いくつの役割を担って生きているか

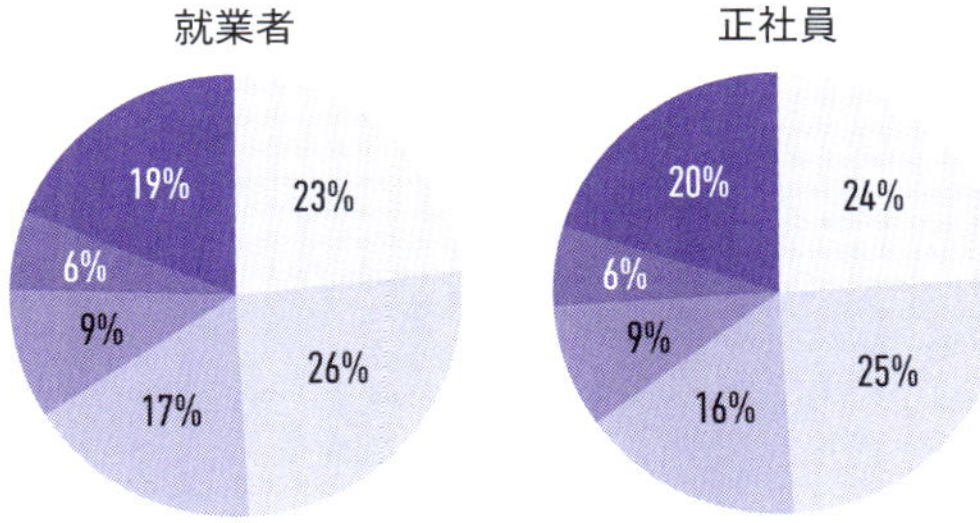

※本業の仕事、副業、育児、介護・看護、地域・ボランティア・自治、学習者（通学または継続的な自宅学習）の6つの役割・活動のうち、いくつを担っているのかを尋ねた結果。

図表18 働く人が担う役割の数の分布

ろ提唱された70年前よりも重要性を増しているかもしれません。**人は同時に複数の役割を果たしています。**リクルートワークス研究所の研究では、現代で働く人が担う役割の数は、就業者全体で77%が二つ以上、51%が三つ以上、34%がなんと四つ以上と回答しています（図表18）[2]。逆に言えば、本業の仕事だけが役割だと答えた人は20%少々しかいないのです。

同時並行で役割を担うなか、ライフキャリアをどう構築するのかというポイントが顕在化します。また、その流動性も高まっていると考えられます。仕事をした後に学び、また仕事をすることが一般化しているわけですから。さらに、スーパーが「その役割に対して、どんな側面からどう考えるか」を指摘している点も押さえておきます。

◆キャリア・アンカー　——自分にとって本当に大切なもの

人には様々な役割がある。では私にとって本当に大切なものは何か。

アメリカ人のエドガー・シャインが１９７０年代に提唱したのがキャリア・アンカーです。**個人がキャリアを形成するうえで、譲ることができない重点**のことです。

アンカーとは、船が水上に停泊する際に水中に下ろす碇ですから、自分のアンカーに根差してキャリアをデザインしよう、という考え方です。アンカーがないとふわふわとどこかへ行ってしまうかもしれない、という考え方でもありますね。

シャインが指摘したキャリア・アンカーには八つのタイプがあります。

- 専門・機能的能力
- 経営管理能力
- 自律・独立
- 安定
- 起業家的創造性
- 奉仕・献身
- 挑戦
- ライフスタイル

あなたのアンカー（働きかたのデザイン上、絶対譲れないポイント）を一つ決めるとしたら、どれでしょうか。キャリアを作るうえで、仕事を選ぶうえで、譲れないもの。日本の就活における「軸」と近い概念かもしれません。

それは過去と現在で変わったでしょうか。変わっていないのであれば、いつからそうだったのでしょうか。変わったのであれば、なぜ変わったのでしょうか。キャリア・アンカーはこうしてキャリアデザインの根本を考えるうえで有効です。

ただ、ゆるい職場が顕在化するなかで、アンカーの発見を企業のなかにだけ求めることは、過去と比べて難しくなりつつあるかもしれません。また、選択の回数が増えていますから、**むしろアンカーとなるものを明確にしないと、選択の際に情報の海におぼれてしまいやすくなっている**かもしれません。

◆4S ——変わることを活かす

そして、人生に様々な転機があることに注目したのが、ナンシー・K・シュロスバーグです。

シュロスバーグは、人生における転機には「予期していた転機」と「予期していなかった転機」、「予期していたことが起きない（ノンイベント）」の3種類があると整理しています。予期していた転機には「希望の企業に入社できた就職活動」、予期していなかった転機には「突然指示された部署異動」、ノンイベントには「〇年目に昇進するとされていたが昇進しなかった」「転職するつもりだったがしなかった」といったことが例として挙げられます。

シュロスバーグは、こうした変化を乗り越えるために活用可能なリソースが、個人には四つあるとします。

- **状況**（situation）：転機が起きた状況。どんなきっかけがあったか、タイミングは良いか、自分がコントロールできるものか
- **自分自身**（self）：経済状態、健康状態といった個人属性と、自己の特性、価値観などの心理状態
- **支援**（supports）：まわりの支えは十分か、人間関係はどうか、専門的なサポートを受けられるか
- **戦略**（strategies）：状況を変える、状況の意味を変える、リラックスする、意図的に無視するなどの対処方針

選択の時代はすなわち転機がたくさんある職業人生ですから、その転機に流されるのではなく、活用することができるかどうかが重要になります。転機を活用するために、シュロスバーグが指摘する4Sを点検しておくことが大切なのは間違いありません。自身の4Sを点検できるということはすなわち、俯瞰して自己の状況を見ることができるということです。俯瞰して見るためにはどんなことが必要か、ここにシュロスバーグの理論の大きな現代的ポイントが詰まっていると考えます。

近年のキャリア理論

続けてさらに、現代でもよく取り上げられるキャリア理論を整理します。それぞれが、若年期の働きかたのデザインにおいても有用な視点を提供してくれますので、気になったものはじっくり調べてみることもおススメです。

◆プロテアン・キャリア　――強さとは変われること

「たくさんの役割があり転機がある」職業人生において、最も強いのはどんな人か。1970年代にダグラス・ホールが提唱したのがプロテアン・キャリア論です。

プロテアン、つまり変幻自在であることが、いろいろな役割、いろいろな転機がある人生を乗り越えていくうえで、最も重要であるとホールは指摘します。一つの会社で生き残ることよりも、環境の変化を前提として対応していくことを理想とします。また、プロテアン・キャリア論で私が特に重要だと考えるのは、「キャリアの成功は心理的成功である」と明確に定義したことです。組織で地位を上げる・より高い給料を得ることよりも、自身が豊かな職業人生を送っているという自由や成長といった実感こそが成功の最重要要素だとします。

プロテアン・キャリア論を日本で発展させ、実践的な取り組みを行っているのが田中研之輔です。田中は、「現代版プロティアン・キャリア」を提唱し、現代におけるキャリア戦略の立て方とその実践手法を研究し、日本社会に広げる活動を行っています。[3]

◆キャリア・ドリフト　――まわりに流されることとの意味

変幻自在であるということは、予想もしなかったような出来事が実際にたくさん起こることに対し、一見〝流されている〟ように感じられるかもしれません。この〝流される〟ことにむしろ注目し、積極的な意味づけを行ったのが、日本の金井壽宏です。

金井は、自分のキャリアについて大きな方向づけさえできているのであれば、節目と節目の間は偶然の出会いや予期せぬ出来事をチャンスとして柔軟に受け止めるために、あえて状況に〝流されるまま〟でいることも必要と指摘しました。つまり、キャリア形成には二つのフェーズがあるということです。

- **キャリア・デザイン**：節目でしっかりキャリアデザインを行い、進む道を設定する
- **キャリア・ドリフト**：計画になかった新しい機会や偶然を楽しむ

ドリフト（＝キャリアを漂流）するなかで、自分の得意なこと・アンカーになること・大事にしたいこと、こういったものの幅を広げていく、ということでしょう。

選択の時代ですから、漂流する場所を自分で決められることも増えています。場所さえ決めたらあとはむしろ水の流れに身を任せてこそ世界が広がるのかもしれません。

私がこのキャリア・ドリフト論について重要だと感じるのが、「**個人の合理性の限界**」

に注目していることです。目標を持つとどうしても最短距離を進みたくなるものですが、目標が明確であればあるほどその合理性の誤謬が起こる、つまり、目標への最短距離からわずかでも脇道にあるならば、非常に稀少性の高い経験であっても「それはムダだ」「コスパが悪い」と判断してしまう、ということを前提としているのです。

なお、金井は併せて先に触れた最低必要努力量を提唱しています。

このキャリア・ドリフト論と併せて、2000年代に大久保幸夫が提唱した**「山登り・いかだ下り」**論も重要です。[4] 大久保は最低必要努力量の考え方等をふまえ、**一定の職業経験が獲得されるまでは職場で与えられる仕事を選別しないで業務に取り組む**ことが重要と指摘し、これを「いかだ下り」と表現します。ただ、一生いかだ下りだけしているのではなく、目標を定めたうえで、どこかでプロフェッショナルとしてのキャリア形成を始める。これを「山登り」と呼称します。併せて大久保は**35歳からは「山決め」**の時期である、このために入職初期の経験が極めて重要であると指摘しました。

「いかだ下り」と「山登り」を切り替えるキャリアデザインは、多くの転機がある職業人生で知っておきたい実践的手法です。あなたは、今は下っているでしょうか、登っているでしょうか。そしてそのどちらにも意味を見出すことができるのだ、ということを押さえておきましょう。

◆計画的偶発性理論　——きっかけを逃さないために

冷戦崩壊後のグローバル化に伴う社会の予見可能性の低下によって、個人のキャリアの計画の有効性も低下していきます。一直線に描く計画されたキャリアではなく、偶然の出来事に大きな影響があると考えるときに、その偶然の出来事を自身のキャリアに取り込む力自体に注目したのが、ジョン・D・クランボルツです。クランボルツは1990年代に計画的偶発性理論を提唱し、**予期せぬ出来事が到来した際にその機会を逃さないための力、行動特性として、「好奇心」「持続性」「柔軟性」「楽観性」「冒険心」の五つを提示**しました。[5]また、**「未決定」の状態**を単なる優柔不断ではなく肯定的に捉え、学習をもたらすための望ましいものの一つとしています。

ところで、クランボルツの研究には興味深い逸話があふれていて、キャリアを事前に計画することの限界を指摘する際によく言われるものに、「18歳時点でなりたかった仕事についた人は2%しかいない」という調査の話があります。[6]キャリアカウンセラーの研修に呼ばれたクランボルツはいつも、「このなかで18歳の時にキャリアカウンセラーになりたかった人はいますか？」と問いかけるそうで、この質問にYESだった人はこれまでにゼロであり、キャリア形成を支援するキャリアカウンセラーでさえそうなのだから、若年者に職業の目標を予測せよという合理性は乏しい、とも指摘しています[7]（なお、その少し後の論文には[8]、「100人に聞くと18歳の時からキャリアカウンセラーになりたかったのは1人か2人だろう」とされていて、キャリアカウンセラーという職業が一般化したことで、わずかですが〝計画して〟その仕事をしている人が出ているようですが、それでもまさに2％程度です）。

いずれにせよ、事前の計画の意味は薄れており、行動自体に時間を割くべきだ、というのがクランボルツの主張です。また、先に紹介したキャリア・アンカー論のアップデートでもあると感じます。こだわっていると大事なチャンスを逃しちゃうかもよ、ということです。転機がたくさんあるのですから、**転機の先のことまで緻密にこだわって計画することは困難・無意味**でしょうし、ゆるい職場の時代ですから、行動と失敗のための時間はたっぷりとあります。

◆サステナブル・キャリア　――未来のために、過去をデザインする

激しい国際競争に伴う大規模開発や大量生産によって多くのものが失われるなかで、

本当に重要なものは何かという議論から「持続可能性」というキーワードが登場しました。

　キャリア理論の世界では、かつては多くの主要な理論がアメリカ発でしたが、今、２０１０年代後半から登場した欧州発のキャリア理論が注目されています。それはまさにサステナブル・キャリア理論と呼ばれるものです。オランダのファン・デル・ハイデンとベルギーのデ・フォスという二人を中心とする研究グループが提唱しています。

　サステナブル・キャリアは、個人が主体的に実施し意味づけてきた、複数の空間において時間を経過するなかで蓄積されたキャリア[9]のことです。研究自体が進行形で、日本における研究蓄積も始まったばかり[10]のために、この定義自体がかなり意訳であることをお断りします。私はその重要性は、**キャリアが空間と時間を横断するなかで蓄積されていくものとすること、加えて「意味づける」**という点にあると考えます。単に行動する、単に経験するだけでなく、それを自身の人生のなかにどう位置づけていくのか。意味を考えること自体に価値を置いています。

　サステナブル・キャリア理論では三つの目標が設定されており、それは、**「健康」「幸福」「可能性」**です。「健康」は心身ともに健康であること。「幸福」は先に出てきたホールが言うように、キャリアの主観的な成功・満足。そして「可能性」は、組織との長期的な関係を作ることができる可能性です。このように、サステナブル・キャリア理論はキャリアを単に個人だけの問題にせず、組織の役割に再注目しているという特徴もあります。

また私は、主体的な実施をする時点と意味づけをする時点の順番に注目します。まず先に行動があってから意味づけがあるわけで、その逆ではありません。すると後の時点での意味づけの内容によって、前に行った行動の価値が変わります。いわば、**過去のキャリアを後から変えることができる。働きかたのデザインは未来に対して行うだけでなく、過去もデザインできる**のです。一つの選択ごとに、以前した選択の意味を問い直していくことが大切になるでしょう。行う経験という事実と、その経験の意味という認識を往復しながらキャリアを作っていくのです。

◆越境学習論　——ホームとアウェイを往復する

日本で2010年代以降注目されているのが、越境学習論です。

単一組織における内製化された人材育成の方法を取ってきた日本の特に大手企業のなかで、徐々に中途採用者など他の組織の知見を活かして活躍する人が出てきたこと。また、若手採用難のなかで魅力向上をはかるべく、副業・兼業を認める企業が2010年代後半以降、飛躍的に増加したこと。こうした現象の意義を、組織づくりと個人のキャリアの観点から整理することが求められたことが登場の背景にあります。

代表的な研究者に石山恒貴がいます。石山によれば、**越境学習とは、自分のホームとアウェイを分ける境界線をまたいで行ったり来たりすることで学ぶこと**[11]です。本業の職場がホームとするならば、副業先や業務外の読書会などはアウェイです。ホームとアウェイを往復することで、ホームだけでは得られない経験や知見を得て、ホームで得たものに組み合わせていく。経験・知見の掛け算が起これば、まさに、稀少性が高まるという議論とも重なります。このキャリア形成や育成上の効果について、石山は実証しています。

また、石山の議論で重要なのは、アイデンティティが変化しない越境学習は不十分なのではないかと指摘していることです。サステナブル・キャリア理論では「実施」と「意味づけ」に注目していますが、アウェイを体感してアイデンティティが変わっていくことは、すなわちこの意味づけが変わることを意味します。越境学習には、ただホームでできないことを実施できるだけではなく、実施したことの「意味」自体を変えてしまう可能性があるのです。これも先ほど触れた、「過去へのデザイン機能」の一種と考えられます。

環境に応じてキャリア理論が生まれる

さて、ここまで巨人たちのキャリア理論を概観し、私なりの視点で整理してきました。あなたはどの理論がしっくりきたでしょうか。こうした考え方はこれまでの社会を引っ張ってきた多くの専門家やリーダーたちのキャリアを分析し、また多くの人々のキャリア形成を支えてきたものですから、何か参考にできることがあったことと思います。

最後にお伝えしたいのは、**そのキャリア理論はそのときの社会環境があって成立した、**ということです。

例えば、個人と組織の関係があります。個人と組織の関係は変化しないものか、それとも変化するものか。また、仕事だけを考えればよいのか、複数の役割を考えたほうがよいのか、はたまたライフ全体を考えるのか。そして、前提とする経済社会はどんな状態か、企業の雇用慣行はどうか。こうした環境が前提にあって、理論があります。

そう考えたときに、今のみなさんをとりまく新たな環境にフィットした働きかたのデザインとは、どのようなものになるでしょうか。選択の回数が増える職業人生で、ゆるい職場のなかで、どうキャリアを作っていくのか。新たな環境を活かすために、次章以降では、巨人たちの知識に加えて私からの提案をお話ししていきましょう。

スモール
ステップを
刻む

Chapter
6

かみなりがこわくなくなるかいだん

私の娘は雷を怖がります。もちろん雷が大好きです！という子どもも（大人も）それほどいないと思いますが、遠雷の音を少しでも聞きつけるだけで、親からするとちょっと心配になるほど、怖がっていました。

ある日、「先生と一緒に作った」と言って娘が一枚の紙を私に見せてきました。そこには、「かみなりがこわくなくなるかいだん」と書かれており、最初の一段目には「かみなりのえを見る」と書かれ、その後、「かみなりを本でしらべる」「かみなりのことをだれかと話す」「かみなりのどうがを見る」「かみなりの音をきく」「かみなりを見てみる」と書かれていました。私は感心して「この階段の名前は自分で考えたの？」と聞くと、「うん！」と娘は得意げに答えました。

この〝階段〟によると、娘が雷が怖くなくなるために最初に行うことは、「絵を見る」「画像を見る」ことです。単なる雷の画像であれば怖がりようがないわけで、そんなことで雷鳴を怖れなくなるのかと思ったところ、明らかにかつてより怖がりようが薄れたので、二重に感心してしまいました。

こうしたスモールステップと呼ばれる手法は教育や児童のカウンセリングの現場で長く使われてきたそうですが、私が行ってきた研究から、現代のキャリア形成においても有効であることがわかってきています。スモールステップの現代的意味と、その具体的な実施方法を取り上げます。

情報か、行動か

このスモールステップの重要性に気づかされたのは、私が若手社会人のキャリアに注目して、20代社会人2000人以上に仕事やキャリアについての調査[1]を実施したことがきっかけです。

その結果から見えてきたのは、若手社会人における**「四つのグループ」**の存在でした。**現代の若手社会人のキャリアの状態は、キャリア形成における「行動」の量とキャリア形成に関する「情報」の量によって四つに分けられます。**

「行動」と**「情報」**について、まず「情報」から考えてみると、もちろん、現代は高度に発展した情報化社会ですから、「情報」自体はスマートフォンから簡単に手に入れることができます。キャリア形成に関する情報も同様です。それはとても良いことです。様々な選択を行ううえで情報はなくてはならないものだからです。

それでは、現代の若手はキャリア形成の参考にする情報を、どのように得ているのでしょうか。

私の行った調査（図表19）[2]では人からの情報とメディアからの情報に分けて回答を得ています。人からの情報については、「職場の人との会話」60・0%などをはじめ、

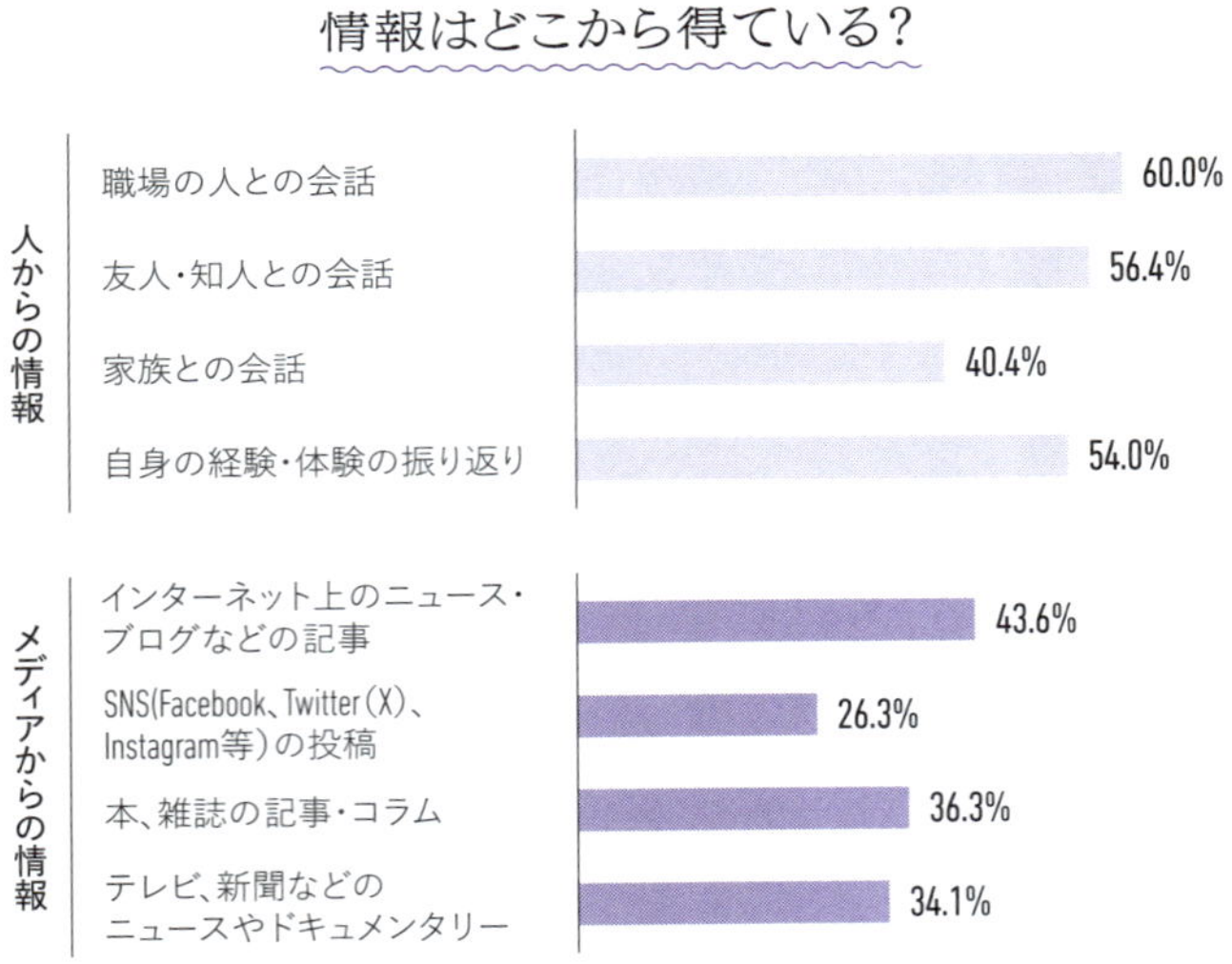

図表19　キャリア形成において参考にした情報

多くの若手が積極的に取得しています。また、メディアからの情報では「インターネット上のニュース・ブログなどの記事」が43・6％と半数近く、最も多い結果となっていました。本やテレビ、新聞よりも、気軽にいつでも読めるネットメディアの情報がメインの情報源となっています。

次に、行動面です。キャリア上の行動について、日々の社内外の活動で実施することができる行動について聞いています（図表20[3]）。

結果としては、業務内での活動（「業務上の失敗経験」60・0％など）や社内での学習（「職場における研修や教育プログラムへの参加」46・7％など）については行っている人が比較的多いですが、一方で、社外での行動である越境（「業務上の接点のない人々との交流」28・6％など）については、行っている若手が少なくなる傾向がありました。また、業務内での活動においても、「所属する組織における新規企画の提案・推進」（28・3％）などは、行った人は少数派でした。数字を見ると、特に社外での行動について多くの若手社会人があまり行っていないようです。

どんな行動を取っている？

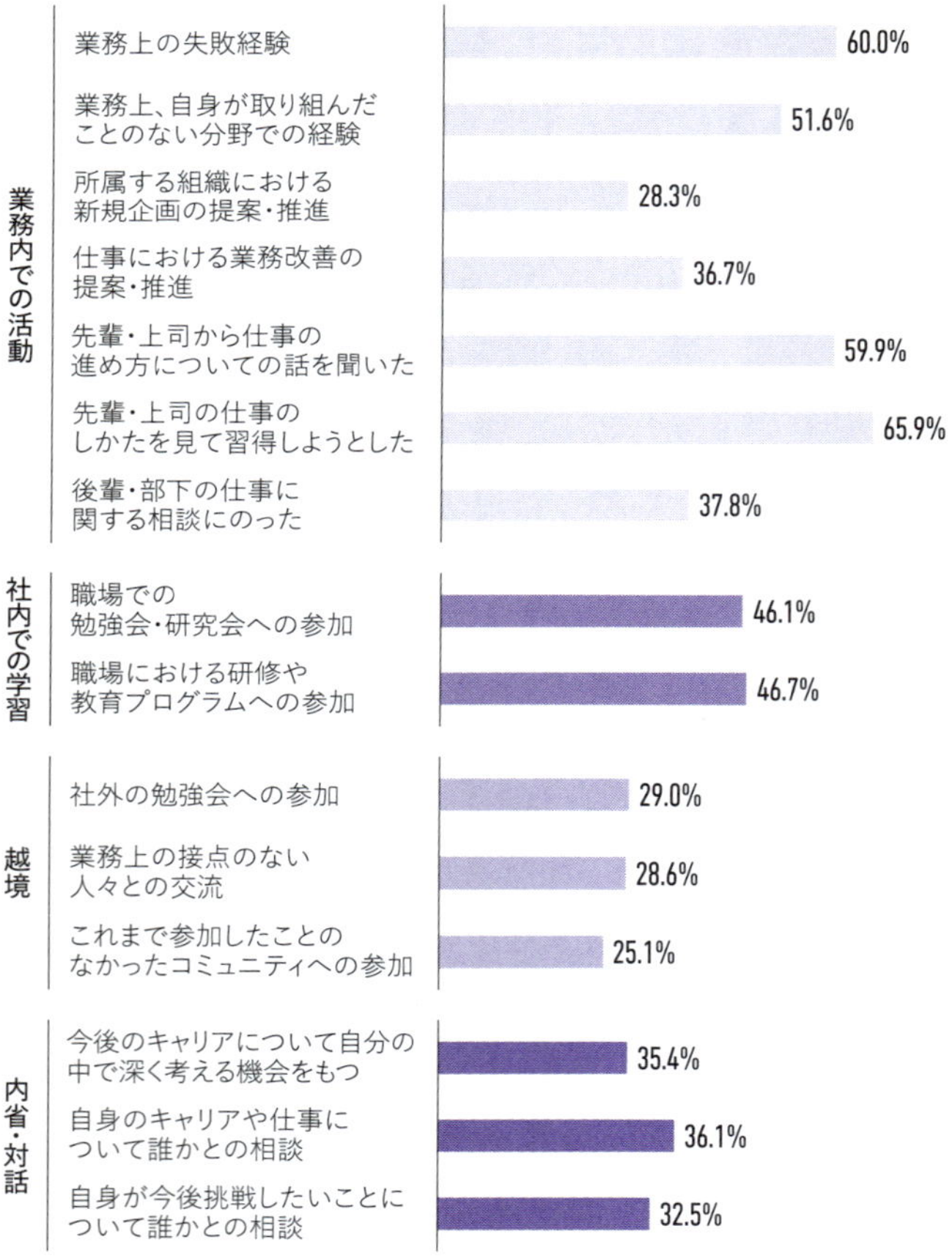

図表20　キャリア形成に関する行動

「情報だけ」より「行動だけ」

キャリア形成に関する**「行動」と「情報」**の両面を見ることで、個人のキャリアを立体的に把握できると考えました。これが図表21[4]にある「行動」と「情報」をベースとする四つの状態（グループ）です。

それぞれのグループについて、キャリアの見通しや仕事への意欲について調査しました。図表22[5]にその結果をまとめています。簡単に言えば、行動量と情報量の両方

「行動」「情報」の量とキャリアの関係

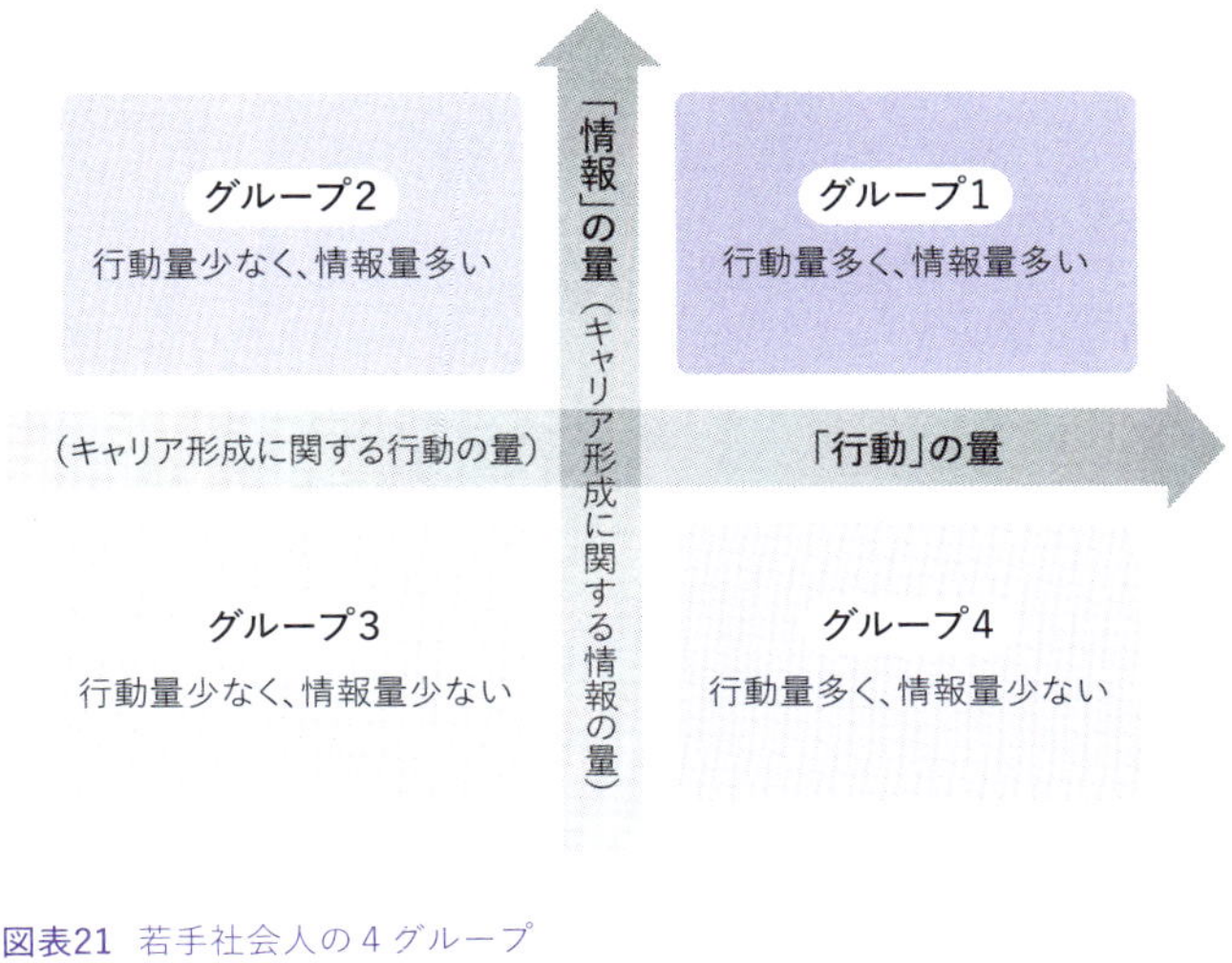

図表21　若手社会人の４グループ

が多い「グループ1」が最もポジティブなキャリア状況にあり、情報のみが多い「グループ2」が中程度、行動と情報の両方が少ない「グループ3」が最もネガティブでした。両方が多いグループ1が最も高くなったことは予想どおりだと言えそうですし、両方が乏しいグループ3が最も低いことにも納得がいきます。

そのなかでポイントとなるのが、グループ2とグループ4の比較です。グループ2は情報だけが多い、グループ4は行動だけが多いわけですが、この両者を比べると、グ

「行動」が良いキャリアのカギだった

	自身のキャリアの展望	キャリア自律性	仕事に対するエンゲージメント	自社への愛着度
グループ1	+0.64	+0.52	+0.50	6.3
グループ2	−0.03	+0.02	+0.02	5.4
グループ3	−0.34	−0.33	−0.31	5.0
グループ4	+0.24	+0.38	+0.27	5.7

図表22　4つのグループ別のキャリア指標

ループ4のほうがキャリア指標が高い傾向が明確に見られます。[6] この結果からは、**初期のキャリア形成において情報と行動の双方が必要だが、特に行動の重要性に注目する必要がありそうだ**、ということがわかります。

ちなみに、この四つのグループには興味深い特徴があり、それは**性別・居住エリア・初職企業規模などの差がほとんど見られない**という点です。例えば、グループ1とグループ3という真逆の状態にある二つのグループを見ると、性別はグループ1は男性48%・女性52%、グループ3は男性51%・女性49%です。地方部居住率はグループ1は38・0%、グループ3は40・2%。初職が300人未満の中小企業である割合はグループ1は36・1%、グループ3は37・7%でした。

男性だから女性だから、とか、東京だから地方だから、大企業だから中小企業だから、といったことは、ファーストキャリアの特徴と実はあまり関係がないことがわかります。

普通にしていたら行動も情報も減っていく

また、調査から同時に明らかになったのは、就職直後をピークにして行動の量も情報の量も減少していく、という変化でした。この結果として、最もキャリア状況がポジティブなグループ1の割合は22・4％（就職直後）→20・3％（回答現在）と低下し、一方で行動の量も情報の量も少ないグループ3の割合は42・3％→46・2％と増加しています（図表23）。つまり、**日本の社会人は就職直後に最も能動**

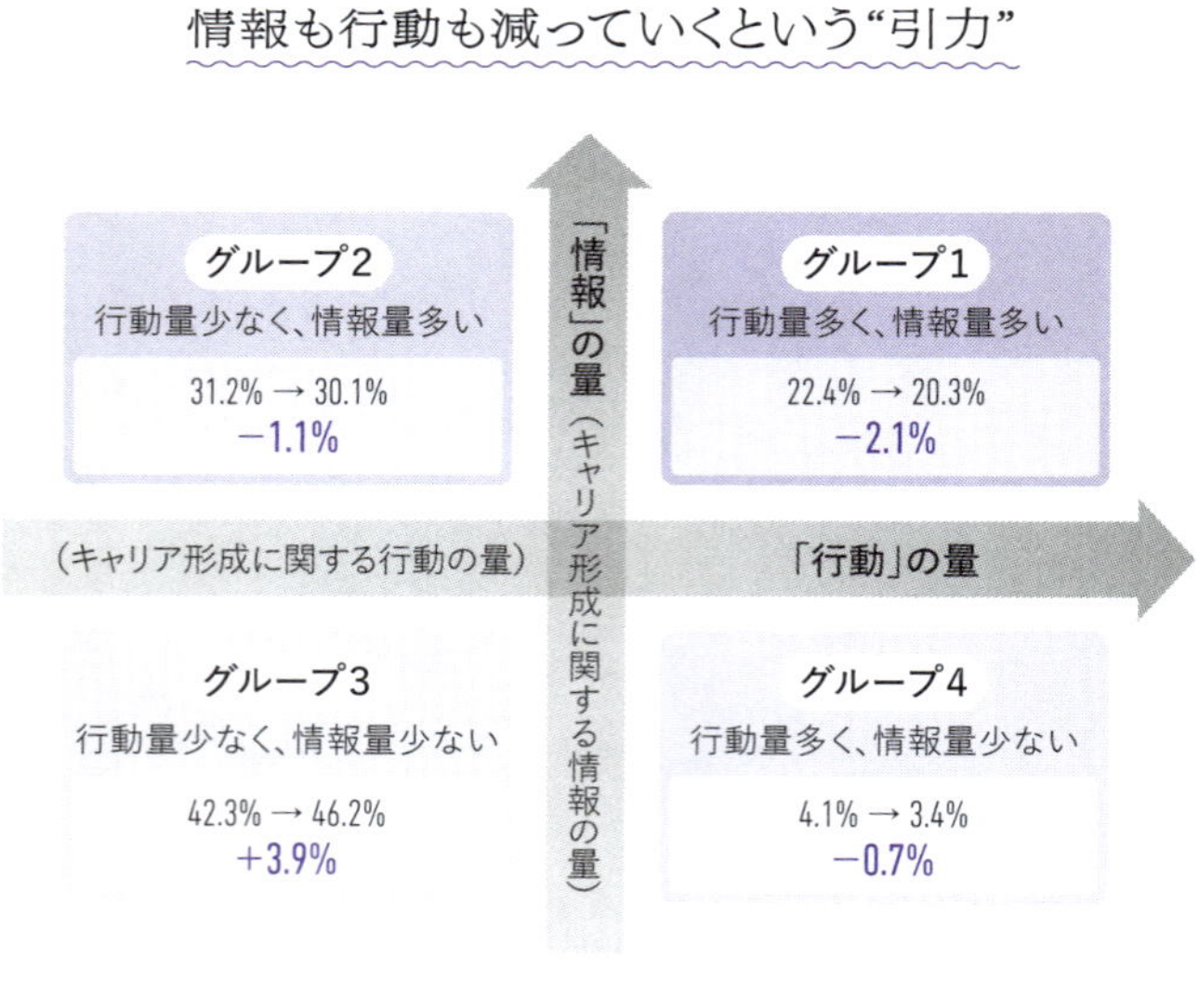

図表23　若手社会人の変化（就職直後→現在）

的なキャリア形成の姿勢を持っているが、普通に過ごしていると、段々とキャリアに関する行動や情報取得をしなくなっていく、ということです。

背景にあるのはどういった状況でしょうか。職場にも慣れ、職業人生における先行きやキャリア・ラダーが徐々に明らかになっていくなかで、情報取得の必要性が消失し、同時に行動を起こすことの意義を見出せなくなっていくことがあるのではないかと思います。いわば〝会社への過剰適応〟です。日本の社会人の学習時間の短さは国際的に際立っており、２０２２年の調査（総務省、社会生活基本調査）によれば一日たったの13分です。ＯＥＣＤのＰＩＳＡ（学習到達度調査）で世界最高水準の能力があるとされている日本の若者たち（ＰＩＳＡ調査の対象は15歳）ですが、その能力研鑽の努力は中学・高校生の頃をピークに乏しくなってしまっているということでしょう。

いずれにせよ、**この〝過剰適応〟は10年前の2ステップ人生では、20歳前後で到来した1ステップ目（＝就活）を何とかすればよかったために、全く問題がなかったかもしれませんが、選択の回数が増えた時代には大きなリスクとなります。**努力のピークは高校生ではなく、もっと後、せめて職業生活における選択を何回か完了したタイミングまで後ろ倒しにする必要があるでしょう（逆に中学・高校時代はもっと遊んだほうが良いのかもしれません）。

この調査は20代の若手社会人が対象ですが、この「行動と情報の量が低下していく」という事実をさらに延長して考えてみれば、年を追うごとにグループ3の割合が増えると考えることができるのです。もちろん、2ステップ人生なら、それでよかったのです。

スモールステップの発見

この〝引力〟に抗うためにはどうすればよいのでしょうか。自分自身のキャリアをつくっていくために何が大事なのか、これを考え、分析するなかで発見されたのが、キャリア形成における「**スモールステップ**」の重要性でした。

初期のキャリアデザインにおけるキャリア展望（自己の将来のキャリアに対する展望・肯定感の高さ）[7]に注目し、これを高めるのはどんな要素なのか検証してみました。その結果の全体像が図表24[8]です。整理すると以下のとおりです。

◈情報の発信・収集には効果が見られない

- 行動においては一部の要素にプラスの関係が見られる
- 特に、小さな行動（スモールステップ：取り組んだことが説明しづらいような行動）にプラスの関係が見られる
- 個人属性（年齢、性別、初職企業規模）について関係は見られない

結果からは、「初職の会社に感じたギャップや個人の属性がどうあろうとも、過去のスモールステップが現時点のキャリアに大きな影響を与えている」傾向が見て取れます。

キャリアを拓いていく要素は何か

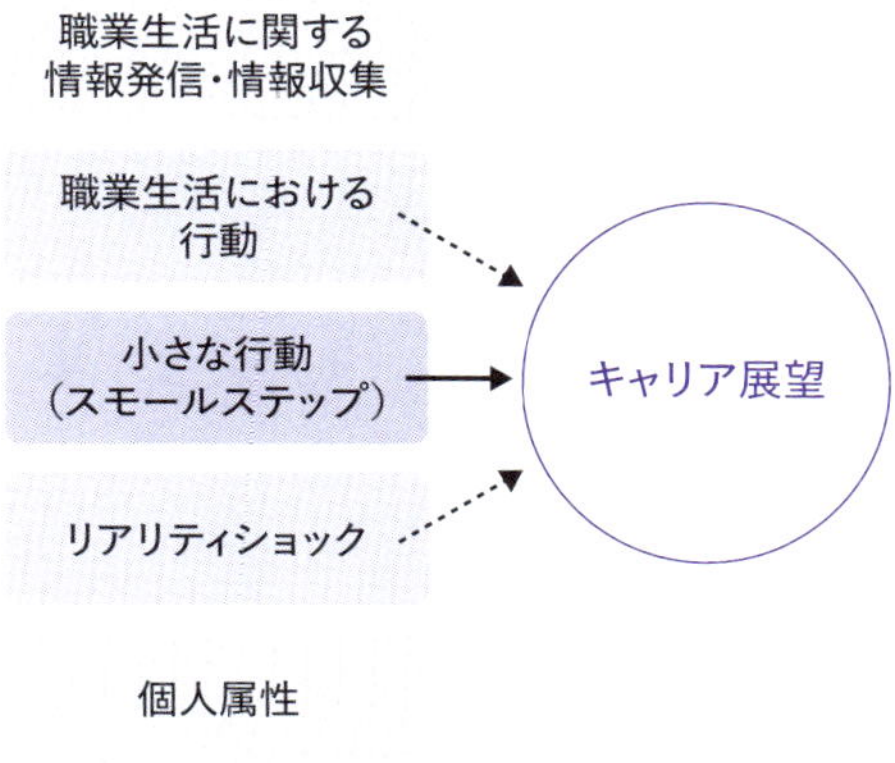

図表24　キャリア展望に正に影響する要素の概念図

一方で、情報発信や情報収集とキャリア展望との間に関係はないという結果が出ています。例えば、この時の調査でSNS利用において「キャリアや仕事に関する自身の発信へのリアクションがあったか」が重要であることがわかっていますが、SNSのフォロワー数とこのリアクションの有無には関係がないことがわかっており、フォロワー数の多寡はキャリア形成には無関係です[9]（分析結果によれば、現代のキャリア形成的にうまいSNSの使い方は、自分のキャリアややりたいことを発信し、リアクションしてくれる相談相手・仲間を得ることにあります）。いずれにせよ、情報の量自体はそれほど重要ではないということです。

また、「行動」について、詳細を図表25[10]にまとめました。過去の行動（机上学習スコアを除く）は、現在のキャリア展望に対して正の関係を持ち、なかでも越境・相談スコアとの関係が強いです。

なお、図表24においてリアリティショック（予想と現実との間に感じるギャップ）と正の関係があるということは、「良いギャップがあるとキャリア展望スコアが高まり、悪いギャップがあるとキャリア展望スコアが低くなる」ということで、これは当たり前と言えるかもしれません。

いずれにせよ重要なのは、**小さな行動＝スモールステップがその後の豊かなキャリア**

づくりに強く関係していたことです。

「やりたいこと探し」より大切なこと

私はキャリア形成においてマインドセットや認識などではなく、認識を作ることとなる「行動」や「経験」自体に注目し、その意味を客観視できないかと研究しています。

人間が社会のなかで生きるうえで「何を思っているのか」はまわ

何が今のキャリアにつながったか

行動の類型	係数・有意水準	具体的な例
越境・相談スコア	0.124***	「業務上の接点のない人々との交流」「これまで参加したことのなかったコミュニティへの参加」「自身のキャリアや仕事について誰かとの相談」など
企画行動スコア	0.064*	「所属する組織における新規企画の提案・推進」「職場における業務改善の提案・推進」など
机上学習スコア	有意ではない	「職場での勉強会・研究会への参加」「職場における研修や教育プログラムへの参加」など
OJTスコア	0.109***	「業務上の失敗経験」「業務上、自身が取り組んだことのない分野での経験」「先輩・上司の仕事のしかたを見て習得しようとした」など

※ *** 1%水準　** 5%水準　* 10%水準で有意

図表25　過去の行動と現在のキャリア展望の関係

りの人には推察することしかできない曖昧なものですが、「何をしたのか」は一目瞭然でまわりの人に明確な影響を与え得るからです。その影響はリアクションとなります。**アクションがリアクションを生み出し、またアクションにつながります。この循環が広がることが**、キャリアの発展において重要な要素だと考えます。ただ「思っている」だけではこの循環は決して起こりません。自分だけの「Will」や「やりたいこと」を認識することももちろん大事ですが、私はその発見の過程でどんなアクションがあったのか、認識したことでどんな行動が起こせそうなのか、といったことに関心があります。

また、この「行動」は二つに分類可能です。

一つは「経験したか・していないか」を明確に他者に伝達できる行動です。図表25にあるものはこれにあたると言えるでしょう。〝大きな行動〟と言えるかもしれません。一つひとつが、転職の際の職務経歴書に記載することができたり、SNSで自慢できたりするような行動です。こうした行動はキャリア展望に対して影響が大きいことが検証されており、もちろん重要です。何よりわかりやすいため、憧れやうらやましさを感じる対象ともなります。

その行動（大きな行動）のなかでも、特にその後のキャリア形成につながっていくのは、

「業務上の接点のない人々との交流」「これまで参加したことのなかったコミュニティへの参加」といった越境行動でした。職場内の狭い世界で完結することなく、他の世界へ一歩足を踏み入れることで多くの刺激があります。その刺激が、その後のキャリアを豊かにしていくのです。

「わくわくするキャリアのために、みんな自分を変えるような大きな行動をしよう」ということですが、これには一つ大きな問題があります。それは、**大きな行動が簡単ではない**ということです。

例えば大きな行動の一つである「越境」について、副業・兼業をしている若手は少数派であることが知られています[11]（調査によれば25～29歳就業者で実施している人は14・6％）。他方で副業・兼業を希望する人は多い（していない25～29歳就業者の39・8％）のです。副業・兼業に限らず、プロボノだとか「新たなコミュニティへの参加」といった越境的な活動をすることについて「本業が忙しくて時間がない」「暇だと思われて上司に新しい仕事を振られる」といったハードルの高さを感じている方もいるのではないでしょうか。「越境しよう」というメッセージを発することは簡単ですが、その1段目の階段は実はとても高いのです。

近年、全国各地で越境・社外活動を始めたい若手のためのネットワーキングイベントが開催されています。多くの若手が社外活動に関心を持ち、大盛況となっていますが、しかし私はこうも思うのです。「ここに来ることができない人のほうが圧倒的に多い」、と。

では、**現在大きな行動をできている若手は、過去にどんなことをしていた**のか。

そこで、「行動」の二つの分類のうちのもう一つ、スモールステップに注目しました。

小さな行動が持つ大きな意味

小さな行動＝スモールステップと大きな行動の関係性について分析してきました。では、過去の小さな行動は、その後の越境などの大きな行動にどのような影響を与えているのでしょうか。越境を例に分析した結果をまとめた図表26[12]からは、重要ないくつかの事実が浮かび上がります。

- 過去の小さな行動には、現在の大きなアクション（ここでは越境）を促す効果がある
- 過去の大きなアクションではなく、小さな行動がキャリア観（キャリア自律性向、ポジティブマインド）に大きな影響を与えている
- 過去の小さな行動はキャリア観の変化を通じ、現在の大きなアクションをさらに促進している

こうした結果には、小さな行動が、その後の越境という大きな行動やキャリア観に対してポジティブな効果を持っていることが示さ

大きなアクションを生み出す要素

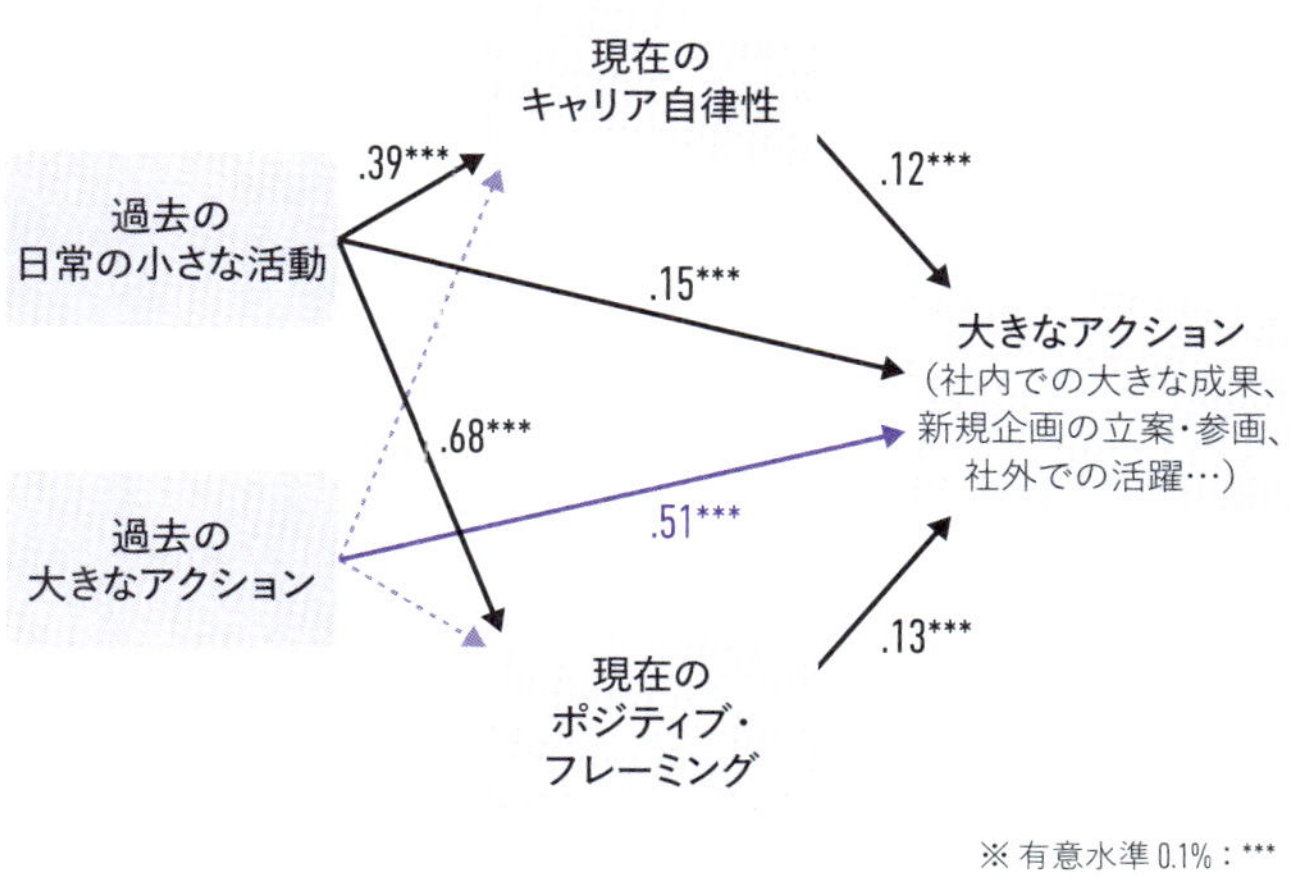

図表26　過去の小さな行動と現在の大きなアクション（ここでは越境）の関係

れています。言い換えれば、**若手社会人にとっては、「越境しているかどうか」「大きな行動ができるかどうか」が重要なのではなく、「今、小さな行動ができているか」が大本の分かれ道となっている**可能性があるということです。

確かに、会社を横断した活動をしたり、副業・兼業をしたりといった「越境すること」は、他者から見える行動であり、耳目を引きやすく、知人が実施したことを見聞きして、自分もやってみたいと思う人も多いでしょう。その行動の内容は、SNSのプロフィールに書けますし、職務経歴書にも書けます。しかし、この結果が示唆しているのは、そうした耳目を引くような行動だけにキャリアを変える力があるのではなく、**その前の目立たない助走のような小さな行動に、実は大きな効果があった**ということです。

ちなみに、調査項目上のスモールステップは以下のようなものでした。例として挙げてみます。

- 「やりたいことはみんなに話してみる」：自分の挑戦したいこと、思っていることを知人・友人に開示する
- 「初対面の人とも積極的に会う」：自分が日々接している人々ではない人と交流する

・「友達に誘われたイベント等に行く」：自発的に行うのではなく、他者からの誘いの機会を利用する

・「LINEやメッセンジャーなどで目的に合わせたグループを作る」：今すぐにできることを厭わずやってみる

五つの小さな行動

さて、発見されたスモールステップを、**「職務経歴書やSNSのプロフィール欄に書くことができるような可視の経験ではない、誰でもいつでもできる軽易な行動」**とすれば、こうした小さな行動は実際にどのように行われているのでしょうか。

ここまで紹介した調査や、様々なモヤモヤのなか一歩を踏み出している若手社会人との対話によって、私はスモールステップを五つの類型に整理できると考えています。

❶自分のやりたいことをアウトプットしてみる

自分のやりたいことを人に話すことやＳＮＳを用いて発信することは、とても簡単そうで実は多くの人が行っていない行動です。調査によれば、ＳＮＳの利用法として、「新しく取り組みたいことの発信」を積極的に行っている若手は、仕事上・業務外ともに20％前後に留まっていました。

しかし、自分のやりたいこと、挑戦したいと思っていることを発信することが大きな結果につながった、という若手社会人の話を聞くことができます。

Ａさん（22歳・女性・教育関係）は、ＳＮＳに自分がいつかやってみたいと思っていることをどんどん書き込んでいる。もちろん、そのうちの多くは何の進展もなく単なるつぶやきに終わってしまう。しかし、例えばカメラマンの仕事を始めたいという発信には、「こんな素敵な撮影スタジオがあるよ」というコメントが付いたり、「クラウドファンディングで機材調達資金を集めてみたら」というアドバイスがあったりした。これがきっかけとなって、撮影スタジオの社長に会い、さらに機材も調達、兼業カメラマンとして仕事をするようになった。

Aさんのような SNS での発信の他にも、大学時代の同期との飲み会で、将来やってみたいことについての普段しないような少し真面目な話をしたところ、意外な共通点の発見や突然の出会いがあり、その後のキャリアの広がりにつながったという話もあります。

自身のやりたいことを他者に対してオープンにすることで、いろいろなきっかけを生み出す。発信することで、周囲を巻き込む。「なんとなく意識高い系に見られそうで、恥ずかしい」と思ってしまう心情があるからこそ実際には多くの人がやっていない、小さいが確実な効果があるこれらの行動を、最初のステップと位置づけます。

このスモールステップを**「自己開示（Disclosure）」**と呼ぶことにします。

❷背中を押してもらい、パワーをもらう

何か新たなアクションを起こすには、大きなエネルギーがいります。体力的にも精神的にも疲れてしまいます。このエネルギーを調達する方法があります。

Bさん（25歳・女性・営業職）は、何か新しいことを始めようとする際に必ず、「それいいじゃん！　やってみなよ、Bさんのこんなところが向いているからうま

くいくと思うよ、と言ってくれる人」のところに相談しにいく。具体的なアドバイスやノウハウ、ネットワークを与えてもらえるわけではない。しかし、自分が動き始めるために、動き始めた後に大変なことがあっても、その一言を思い出すことで、力をもらえる気がするそうだ。最近では、段々と「やってみなよ」と背中を押してくれる人が増えてきて、「3人くらい確保」しているという。

様々な情報があふれる社会ですし、何か新しいことをする際には「コスパが悪いのではないか」「みんなやっていないし、無意味なのではないか」といった心情がどうしても付きまといます。こうした不安を振り切るためのエネルギーをどう調達するのかが重要になります。

ポイントは、エネルギーをすり減らしながら行動するのではないということです。持続可能なキャリア形成においては、「それ、絶対君に向いてるし、やったほうがいいよ」という後押しでエネルギーをチャージすることが大切なのでしょう。それはおそらく、**不特定多数からもらえるたくさんの「いいね!」ではなく、よく自分を知る人の声**が、実際に一歩踏み出す若手にエネルギーを与えているようです。

このスモールステップを、「**エネルギーを受け取る**（Encouragement）」と呼ぶことにします。

❸目的を持って探ってみる

情報検索は、一歩目として最も手っ取り早い手段の一つでしょう。ただ、無数にあふれる情報の海のなかで、単に検索しても迷いが深まるだけです。「調べれば調べるほど、決まらない」という状態に陥った経験が私にもあります（ショッピングの際です）。情報化社会であるからこそ、「キャリア探し」自体の難易度は上がっているのかもしれません。

ただし、目的を持った探索は、コストゼロでいつでもできる小さな行動になり得ると考えます。

Cさん（29歳・男性・人事）は、これまで採用の仕事をしてきたが、少し異なる領域の人事制度設計の勉強をするために、関連するイベントをSNSで探し予約した。

Dさん（27歳・女性・営業職）は、ボランティアをしたいと思い、ネットで調べたところ、自分の家のまわりにも多くの活動している団体があることを知った。

古代ローマに「目的地のない船には追い風は吹かない」という意味の言葉があるそうです。何か目的を持ったときに初めて、単なる情報は自分にとって意味のある〝情報〟になります。その〝情報〟の中から、自分にとって必要なカギとなるきっかけを探す作業は、少ない時間、少ない労力でたくさんの見返りを期待できるのです。

自分がわかる分野を広げていく探索アプローチも有効です。全く土地勘がない分野についてゼロからネットで調べるのは、その情報の意味を理解することはもちろん正誤の判断が困難です（生成AIが作り出した文章の簡単な誤りすら、見抜けないかもしれません）。しかし、少しでも仕事などで土地勘がある分野であればオンラインの無数の情報をろ過して活かすことができます。

私は個人的な投資を一切しないと決めています（昔、痛い目をみたからです）。例えば私が投資のYouTubeチャンネルやオンラインメディアの記事を見ても、どれを参考にすべきか全くわかりませんから、この状態で情報検索をしても何の意味もないでしょう。一方で、研究者の端くれですから、社会科学系の研究に関する動画については、投資よりは楽しむことができます。こういった**土地勘のある分野でこそ、情報の海が活きてくる**のです。

また、挑戦してみたいことに共感してくれる人を探している人は、単にいろいろな人と無目的に会うよりも多くの気づきが生まれることも間違いがありません。

このスモールステップを、**「目的のある探索（Search）」**と呼ぶことにします。

❹試しにやってみる

あることを実際に自分ができるかどうかは、誰にもわかりませんよね。やってみないとわからないことは、この世の中にたくさんあるのです。これを知るための最も良い方法は、ググることでも、生成ＡＩに聞くことでも、占いをすることでもありません。少しでいいので、実際に試してみることです。

Eさん（28歳・男性・イラストレーター）は、接客の仕事をしていたが、やってみたいと思っていたイラストレーターに転職しようとした。職探しの際、必須スキル欄に見慣れないデザインソフトの名前を見つけた。触ったこともなかったが、体験版が1か月無料で使えることに目をつけ、ダウンロードして動かしてみたところ、何とかできそうだったため、面接の日までに習得し実技試験を通過した。

あなたが何かを「諦める」のはどのタイミングでしょうか。

もしかすると、何もしないうちに諦めることが多いのではないでしょうか。私もそうです。やってみたいと思うことはありますが（知人がやっていた演劇に感動して、スポーツで……）、多くのことを何もしないうちに諦めています。もしかすると、諦めたと思うことすらなく通過していることも多いのかもしれません。しかし、働きかたのデザインにおいては、もう少し進んでみてから諦めてみようと思っています。小さく試してみて、それで「自分に向いているかどうか確認」してみる。この回数を増やすことで、本当はできること、自分の可能性の広さに気づくことができます。

試すためのツールも広がりつつあります。VRで疑似体験できる仕事もありますし、カードゲームでシミュレーションできるかもしれません。社会人インターンシップというものもあります。スポットワークは〝大人のキッザニア〟とも呼ばれているそうです。オンラインでの機会も広がっています。疑似的にでも、シミュレーションでも、試してから諦めることができる環境が広がっています。

このスモールステップを、「**試行**（Try）」と呼ぶことにします。

❺体験を自分のものにする

さて、❹で終わらないことが大きなポイントです。「小さな行動を繰り返し、いろいろしてみた」というだけで終わってしまってはもったいないのです。それを自分のものにするという行動が、最後のスモールステップです。

Fさん（27歳・男性・コンサルタント）は、私の講演を聞いてスモールステップの概念に共感し、自己開示から試行まで小さく様々なことを行うことを意識していた。そのうえで、一つを始めてみたことが大事だったそうだ。「いろんなことを話したり試したりしてみて、自分がやらなくても良いことを言葉にしたことです」。自分が苦手だったり、嫌だったりすることが徐々に明らかになっていくので、それを見極めていくことでFさんのキャリアの成功につながったという。

スモールステップの最後のファクターとして、小さくいろいろとやってみたことを、自分のものにするという要素が必要だと考えています。私のもとに相談に来る若手の方の決して少なくない声として、「いろいろとやってみたんですが、いまひとつ自分はこれがやりたい、と思うことがなかなかないんです」といった悩みがあります。いろいろやっているだけでは、スモールステップは完結しないのです。実施したスモールステップに意味づけを行わなくてはなりません。

別の若手からは、「思いついたことがあれば独り言を言って、自分の体験をワンフレーズでまとめるようにしている」という意見もありました。Fさんのように「やらないこと」を言葉にしてもよいかもしれません。それは、経験してきたことを小さく振り返ることで、自分の体験が真に自分の血肉となり、新しい気づきにつながっていくプロセスです。

このスモールステップを、**「振り返り（Introspection）」**と呼ぶことにします。

ここで整理したキャリア形成におけるスモールステップに厳密な順番はありませんが、❶から❺へ進んでいくのがスムーズかもしれません。おそらく❶**「自己開示（Disclosure）」**を行うと、❷**「エネルギーを受け取る（Encouragement）」**の機会は増えるし、❸**「目的を持った探索（Search）」**を行うと、❹**「試行（Try）」**の機会も同時にやってくるでしょう。❺**「振り返り（Introspection）」**は次のスモールステップに結び付き、徐々に大きな行動が可能な状態へと環境自体を変化させていくのかもしれません。

重要なのは、夢や目標をしっかり考えていくこと以上に、**今できることを設計し、リスクを抱えすぎず小さな行動をしていくこと**です。

意味づけ

最近感じているのは、こうしたスモールステップにおいて最も重要なことは、おそらく❺の振り返りだということです。別の言葉で

スモールステップの実践要素

❶ 自分のやりたいことをアウトプットしてみる	自己開示 Disclosure
❷ 背中を押してもらい、パワーをもらう	エネルギーを受け取る Encouragement
❸ 目的を持って探ってみる	目的ある探索 Search
❹ 試しにやってみる	試行 Try
❺ 体験を自分のものにする	内省・振り返り Introspection

図表27 スモールステップ実践の五つの要素

言えば「**意味づけ**（Sensingと言おうと思っています）」です。知人のとある若手社会人がSNSにこんな投稿をしていました。

これまで「とりあえずやってみる」ことは心掛けてきましたが、やってみるだけだと、「何がしたいの」とか「どうなりたいの」と聞かれたときに詰まってしまう

キャリアを変えるための大きな行動。その大きな行動を実施できる確率を上げるスモールステップ。この関係は間違いがないものですが、小さく行動をしているだけでは行き詰まりを感じることもあります。話を聞いていると、スモールステップの❺が不足していることに気が付きます。振り返りや意味づけがない行動は、やっただけになってしまいます。すると、話をしていても「いろいろやってきました！」という一言で終わってしまうのです。

その経験がどう今に活きているのか、その経験で伝えたいと感じたことは何か、記憶に残ったことは何か。そして様々な経験に共通するわくわくする瞬間はどんなときか。何が自分には必要ないか。こうしたことを言語化することがスモールステップのサイク

ルを1周まわすうえで大切なのです。

また、❺の振り返りや意味づけは、一人で行うことは難しいかもしれません。航海や測量では、未知の地点を測定するのに2点や3点以上からの計算を行いますが、様々な視点から見ることでより正確な測定ができることは、測量でもキャリア形成でも同じです。自分の視点だけで行動や経験の意味を考えるよりも、違う視点も織り交ぜて意味を見つけたほうが確かだからです。その相手は人生経験豊富な師匠のような人だけでなく、単なる雑談相手でも、視点が増えるという点では意味深いのではないかと思います。

「言い訳」から始めてみる

スモールステップの特徴を四つの性質としてまとめました（図表28）。

自律性は特に求められていないようだ、ということが重要で、これはつまり、「言い訳」から始めることができるということでもあります。

こういう調査があります。副業実施者にそのきっかけを聞いたところ、「たまたま副業する機会と出会った」が53％、「友人知人から紹介された」が26％で、合わせて79％と8割近くが最初の副業機会は〝受け身〟だったと回答しているのです。[13]

受け身の機会から始められたということは、最初の一歩目に「言い訳」があったということです。私は勉強会やワークショップに参加している方に「なぜ参加したのか」を聞いたりアンケートを取ることがありますが、

知り合いに誘われたので

スモールステップの四つの性質

1 目標が明確でないときでも起きる
（しかし目標明確化後に役に立つ：“implicit learning”＝潜在学習性）

2 必ずしも自律性は求められていない

3 それ自体では承認欲求など高次な欲求は満たすことができない

4 リスクがない

図表28 スモールステップの四つの性質

上司に「行ってみては」と言われたので

偶然通りかかったので

このあとに近くで用事があり、時間が丁度良いので

こうした理由が一定数見られます。そして決まって、感想の欄には、「本当は来るつもりはなかったのですが、来てよかったです！」「これまで話す機会がなかったようなことを話して、世界が広がりました」といった書き出しの感想が長文で書かれています（「来るつもりはなかった」とわざわざ書かなくてもいいような気もしますが、こういった感想が書かれていることはわりとあります。やはり言い訳があると照れくささがなくなるのでしょうね）。

私は、こうした場で一番得をしているのは、「その場に来るはずじゃなかった、来るつもりはなかった」人だと思っています。その場に能動的に来ることができる人であれば、その場自体に来なくともいずれどこかで類似の環境に身を置くことができるでしょう。しかし、受動的なスモールステップで来た人は違います。その場で得るものは、こ

れまでの延長線上であれば決して得られないものです。これが「言い訳」があって行動することの大切さです。

言い訳から始めて、実施したスモールステップを意味づける。

一文でまとめれば、このプロセスが大きな行動を生み出すための有効な方策であると考えます。

まず「探索者」になる

最後に、どんな状況を目指すべきか、Ｗｉｌｌとスモールステップを組み合わせて考えてみましょう。**Ｗｉｌｌは、自身のキャリアにおける目的や目標、志や意思といったことを表す言葉**として様々な場で使われていますが、これがあるか・ないかとスモールステップが多いか・少ないかを組み合わせたのが図表29です。

最初は、Ｗｉｌｌなし・スモールステップ少、左下の「モヤモヤとした不安」の状態ですが、ここからどう変わっていくべきか。

私はまず上に移動し、さらに右に移動するのが良いのではないかと考えています。右下のＷｉｌｌはあるけどスモールステップが乏しい状態は罠で、目標を簡単に達成する魔法の杖があると思い込み、まわりはできているのに自分はできないことに不安や焦りが募っていく状況です（仮に、〝Ｗｉｌｌの罠〟と呼んでおきましょう）。

もちろん、Ｗｉｌｌがあることは最終的には絶対に必要ですが（目的地のない船には追い風は吹かない）、初手はスモールステップの量を増やすことで、「探索者」となる。す

Willが先かスモールステップが先か

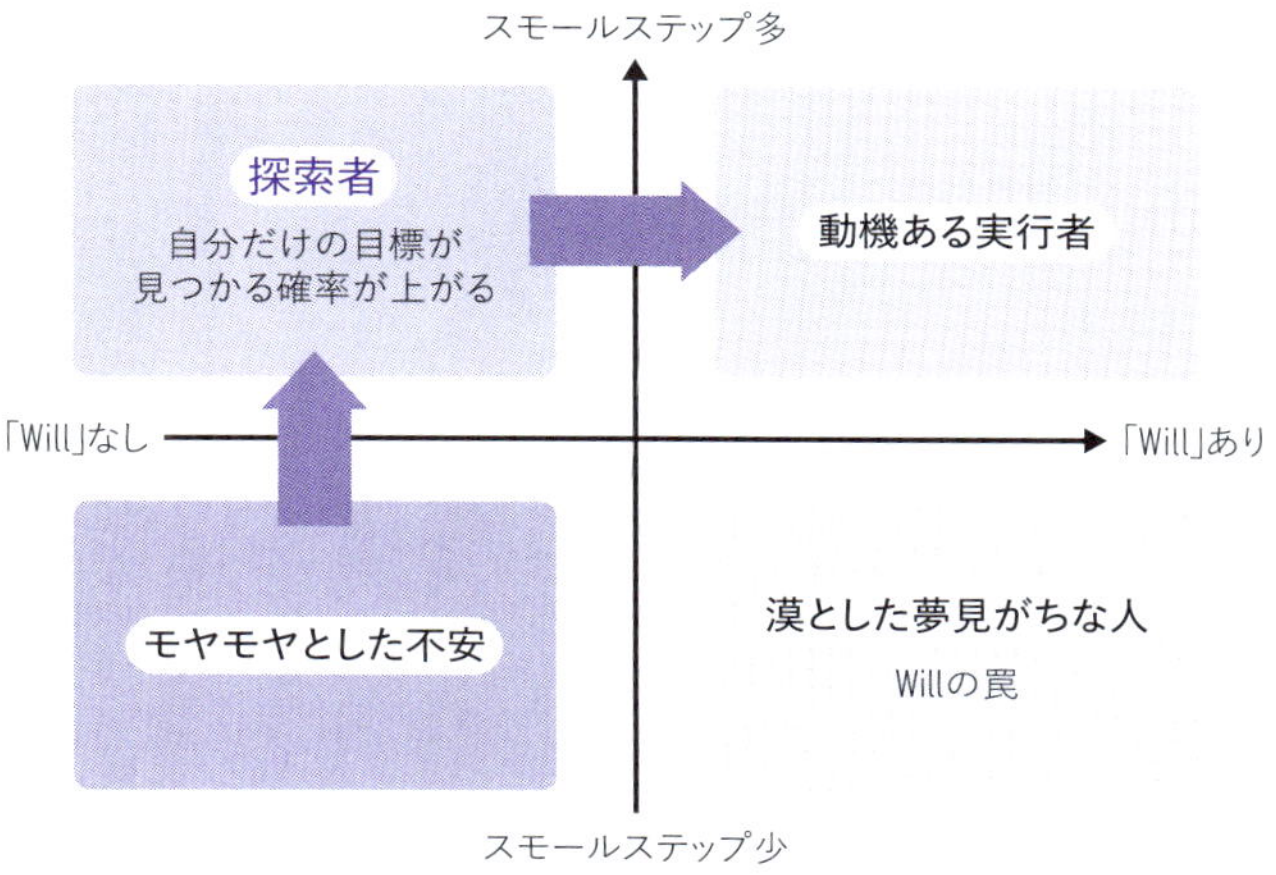

図表29 スモールステップとWillから見る、キャリアの状況の４象限

ると、小さな行動を実施し意味づけるプロセスの循環から、自分の言葉で表現できる目標=Ｗｉｌｌが見つかる可能性も同時に上昇します。その結果、右に移動し「動機ある実行者」になるのではないかという仮説が私にあります。

Chapter

7

「キャンペーン」の集合でつくる

ライフキャリアの全体と部分

「キャリア」という言葉の語源は車輪の轍である、という豆知識をご存知の方もいるかもしれません。轍というのは車輪が通過した跡のことで、それが転じて人の功績や経歴を意味するようになったとされています。

私は人のキャリアをどう把握するか、という点について考えています。既存のキャリア理論やキャリア支援のアプローチについては、キャリア・レインボーなどの発想はあったものの、一人の人間のキャリアについては、当然に「一つのキャリア」として扱われてきました。しかし一つのものに見えてもその内実を冷静に分析していくと、実は全く原理原則の異なる複数の物事で構成されている、ということはよくあります。

ところで、経営学が軍事学を背景としていることはよく知られています。大本の「経営戦略」の「戦略」という言葉からしてそうですし、「ロジスティクス」とか「オペレーション」といった概念もそうです。

また何を言い始めたのかと思うかもしれませんが、この軍事学の世界の発見に、「大きな〝全体〟と個別の〝部分〟をつなぐ時空間があるよ」というものがあるのです。[1] **大き**

な全体と個別の部分の〝間〟の運営方法に注目することで、全体と部分をより有機的に結び付けることができる。この〝間〟は英語で**「キャンペーン」**と呼ばれています。[2] こちらもマーケティング用語になっていますので、「広告のキャンペーン」といった使われ方で耳にしたことがある言葉ですよね。

この全体と部分の話を人のキャリアに引きつけて考えてみましょう。キャリアにおける全体とは、言うまでもなくその人のライフキャリア全てです。キャリアにおける部分とは、どんな経験をするのかとかどんな行動をするのかといった、経歴のなかの一部分が該当するでしょう。私は、この**ライフキャリア全体と経歴の部分部分を無理にきれいに結び付けなくてよいのではないか**と考えています。

人はキャリア・レインボー論のように、たくさんの役割を同時に果たしています。例えば、本業の仕事で果たしている役割と、副業のそれでは全く異なるでしょうし、地域コミュニティではまた別、家庭ではさらに別、という状況にあります。その役割全てを貫くミッションや目的があったり、「こうなりたい」というライフキャリア上の到達点のイメージが統一されている人のほうが、むしろ稀でしょう。

就活の面接で、中学校の頃になぜサッカーに夢中だったのかを聞かれた

趣味の旅行を通じて得た探求心を、仕事にどう活かせるか考えなさいと言われた

冷静に考えれば、そんなに何でもかんでも1本のストーリーに統合しなくても……と感じないでしょうか？　しかし現実には、こういった**全体整合的なキャリアデザインを求める状況を頻繁に見かける**のです。もちろん、無理にでも意味をくっつけることはできますが、それに何の意味があるのでしょうか。

在学中から様々なビジネスに携わっている大学生は、こんなことを言っていました。

自己紹介の際に〝大学生です〟と言うと、自分が自分にウソをついているように思えるんです。働いてもいますので、大学生だけではないなと。でも大学生でもあるというのは事実ですし、それも大事にしているというのは本心です

私はこの話を聞いたときに、「学生の自分」と「ビジネスをしている自分」が、無理に統合されずに共存しているのだなと感じました。それぞれに〝大事にしている〟ものも違うのでしょう。

この「同じライフキャリア上にあって〝大事にしているもの〟が異なる一つひとつの時空間」のことを、**「キャリア・キャンペーン」**と呼びたいと思います。

キャリアは同時並行につくられる

一人のライフキャリアは、キャリア・キャンペーンの集合体。この考え方で既存のキャリア理論を整理してみたときに、現代の働きかたのデザインにおいて前提とすべきは**「キャリア・アンカーが同時に複数ある」「山登りをしながら別で川下りをしている」**という状況があることです。

キャンペーンごとにアンカーは異なるかもしれません。あるキャンペーンでは漂流を楽しみながら、並行して目的が明確な仕事にも携わっているかもしれません。選択の回数が増えることによって人のキャリアに多重役割が生じます。多重役割が生じることは同時に、その**それぞれのミッションや意味、〝大事にしているもの〟を直ちに統合することが難しい状況が増えることを意味します。これを無理に統合する必要はないのではないか、**と言っているのです。無理に自分のライフキャリア全体へ意味づけようとすれば、短期的・近視眼的な視点にならざるを得ません。

広報の専門人材になりたいので、育児の経験を活かして……

こういったストーリーを語れることはもちろん素晴らしい発想ですが、仕事における専門性の獲得と育児とは切り分けてしまって、それぞれの役割＝時空間を「キャンペーン」として楽しんでしまって良いのではないでしょうか。

この発想の一つの到達点に、**キャリアブレイク**という考え方があります。キャリアブレイクの研究に取り組む石山・片岡・北野によれば、「今まで中心的に活動してきたキャリアの役割を手放すことによって、新しいキャリアの役割に向けて自分と社会を見つめなおしている期間」と定義されます。[3]

また、「『自分を見つめなおす』ことは、喪失によって新しい何かを獲得すること」なんだと説明されています。**「仕事やキャリアから離れる」ことを積極的に意味づけた**ことが重要で、ライフキャリアを休んでも良いんだ、という発想を得ることができます。また、その後の新しいキャリアに役立ったかどうかは後にならないとわかりません。後になってから、「離れている期間」が自分にとってどんな時だったのか考えることができるということです。

キャリアの仮面

私が、現代のキャリアは同時並行のキャンペーンでできていると考える理由とデータを述べておきます。

多元的自己論という議論があります。**役割や価値観の異なる集団や他者関係に合わせて自己を変化させることに葛藤を感じず、相互に矛盾なく自己が成立する**という認識[4]のことです。

これについて、木谷・岡本は、特に青年期においての役割の多様化による多元的なアイデンティティの存在を指摘し、自らに合った場や役割を取捨選択することで従来のような一元的なアイデンティティを持つことも可能でありつつ、一元的なアイデンティティを有する青年と多元的なアイデンティティを有する青年が存在すると仮定しました。

私は、若手社会人と会話をしていて、この論を思い出すことが多くありました。ＳＮＳにおける複数アカウントや「裏垢」は、多様なアイデンティティを許容していると言えます。また、副業・兼業といった選択肢の顕在化も[5]、職業生活における多元的自己との親和性が高いです。ある職場では真面目・実直で通っている人が、別のコミュニティでは変わった提案をする人として重宝がられていることもあります。

ゆるい職場を背景として本業の職場にいる時間が徐々に短くなるなかで、可処分時間が増えると、個人の役割は多様化します。選択の回数が増えたことによっても、アイデンティティが変わるきっかけが増えたと言えるでしょう。

こうした環境変化が引き金となって、**職業生活における多次元性が広がりつつある**のではないでしょうか。その効果を検証してみましょう。

社会人に以下の設問に答えてもらいました。[6]

①職場や家庭、趣味の場、コミュニティなど場面によって、どのような自分を見せるか使い分けたい
②仕事でうまくいかないことがあるときに、気持ちを切り替えられる別の活動がある
③本業以外の仕事は本業の成果に良い影響を与える

パラレルな職業生活への認知や許容度を示す指標として、暫定的に**「キャリアの仮面スコア」**と呼びます。「仮面」を変えてキャリア

“仮面”を使い分けていますか？

	そう思う	どちらかといえばそう思う	どちらでもない	どちらかといえばそう思わない	そう思わない
職場や家庭、趣味の場、コミュニティなど場面によって、どのような自分を見せるか使い分けたい	10.9	34.8	41.5	8.7	4.1
仕事でうまくいかないことがあるときに、気持ちを切り替えられる別の活動がある	11.1	33.9	35.8	13.4	5.8
本業以外の仕事は本業の成果に良い影響を与える	6.5	24.0	53.5	9.5	6.4

図表30　3設問の全体結果。単位（％）

を作ることにどの程度積極的か、という度合いです。

「職場や家庭、趣味の場、コミュニティなど場面によって、どのような自分を見せるか使い分けたい」と考える社会人は、「そう思う」「どちらかといえばそう思う」を合わせて45・7％に達しています。なお、年代・性別によってかなり傾向差があり、若年層ほどスコアが高くなっています。特に女性が高く、最も多いのは20代女性、次いで30代女性であり、ともに合計6割近くが「使い分けたい」と回答しました。一方、50代男性は低く、39・2％です。

また、「仕事でうまくいかないことがあるときに、気持ちを切り替えられる別の活動がある」では、20、30代女性の合計が45・0％、「本業以外の仕事は本業の成果に良い影響を与える」では同合計は30・5％でした。

満足度とつながる「キャリアの仮面」スコア

この3設問の回答について「そう思う」を5点、「そう思わない」を1点のスコアとし、その合計を「キャリアの仮面スコア」として分析しました（最小3点～最大15点）。

生活満足度が高い者の割合[7]との関係を図表31、仕事満足度が高い者の割合との関係を図表32に整理しました。ここからわかるのは、キャリアの仮面スコアが高いことと、生活満足度が高い・仕事満足度が高いこととは、かなりはっきりした正の関係があるということです[8]。

自分には様々な〝仮面〟があって使い分けている、気持ちを切り替える場所を持っている、様々な

仮面の使い分けで生活満足度が高まる

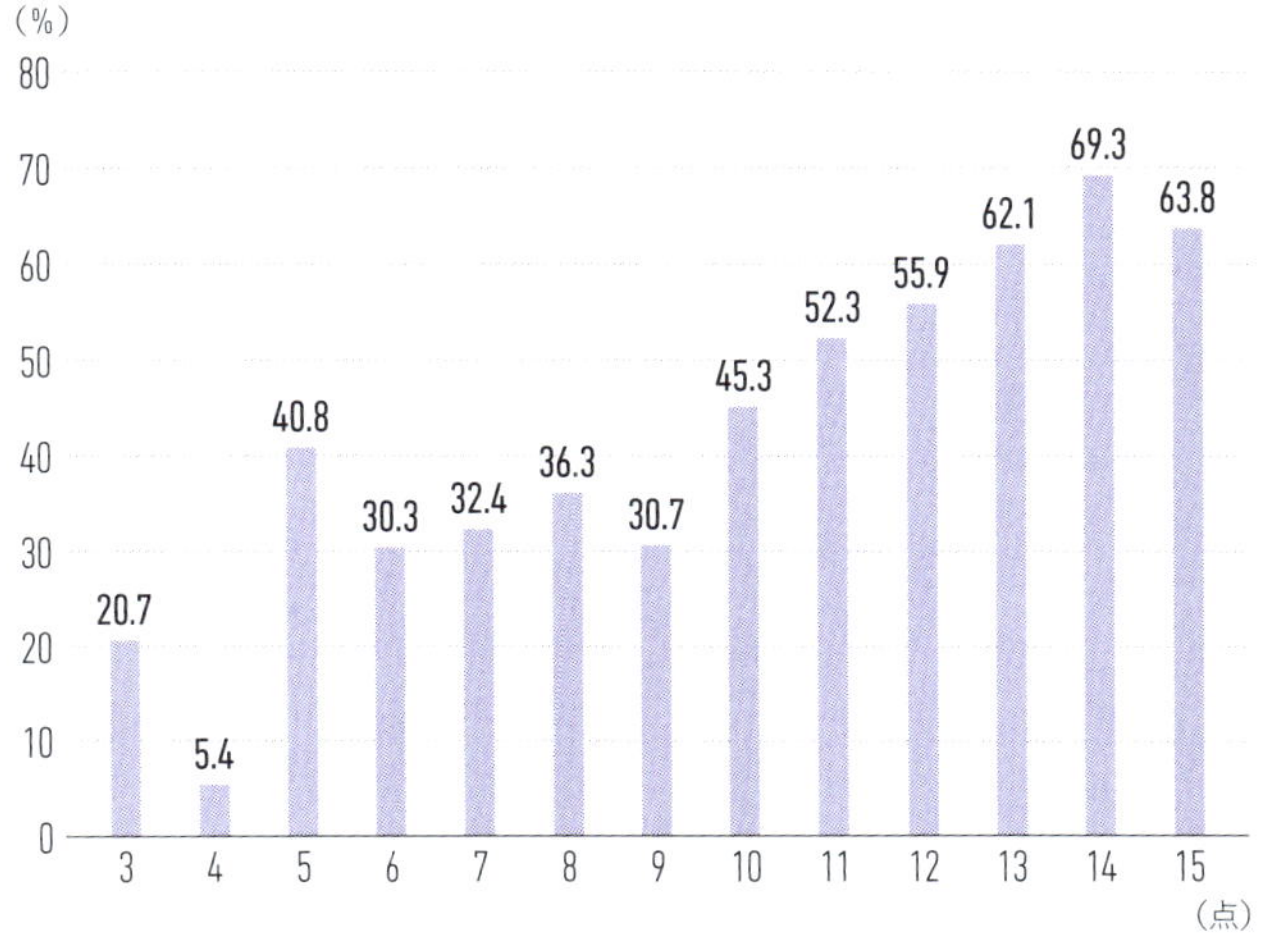

図表31　生活満足度が高い回答者の率とキャリアの仮面スコアの関係

場が良い影響をし合っている。こうした認識のライフキャリアにおける意味はとても大きいのです。

「キャリアの仮面スコア」が高い人はどんな人？

キャリアの仮面スコアが高い社会人はどんな人でしょうか。キャリアの仮面スコアが高い群（ここでは、15点満点中11点以上[9]）の内訳を見てみます（図表33）。

例えば、性別では女性が37・7%、男性が33・6%で女性がやや

仕事満足度にも仮面の使い分けの好影響

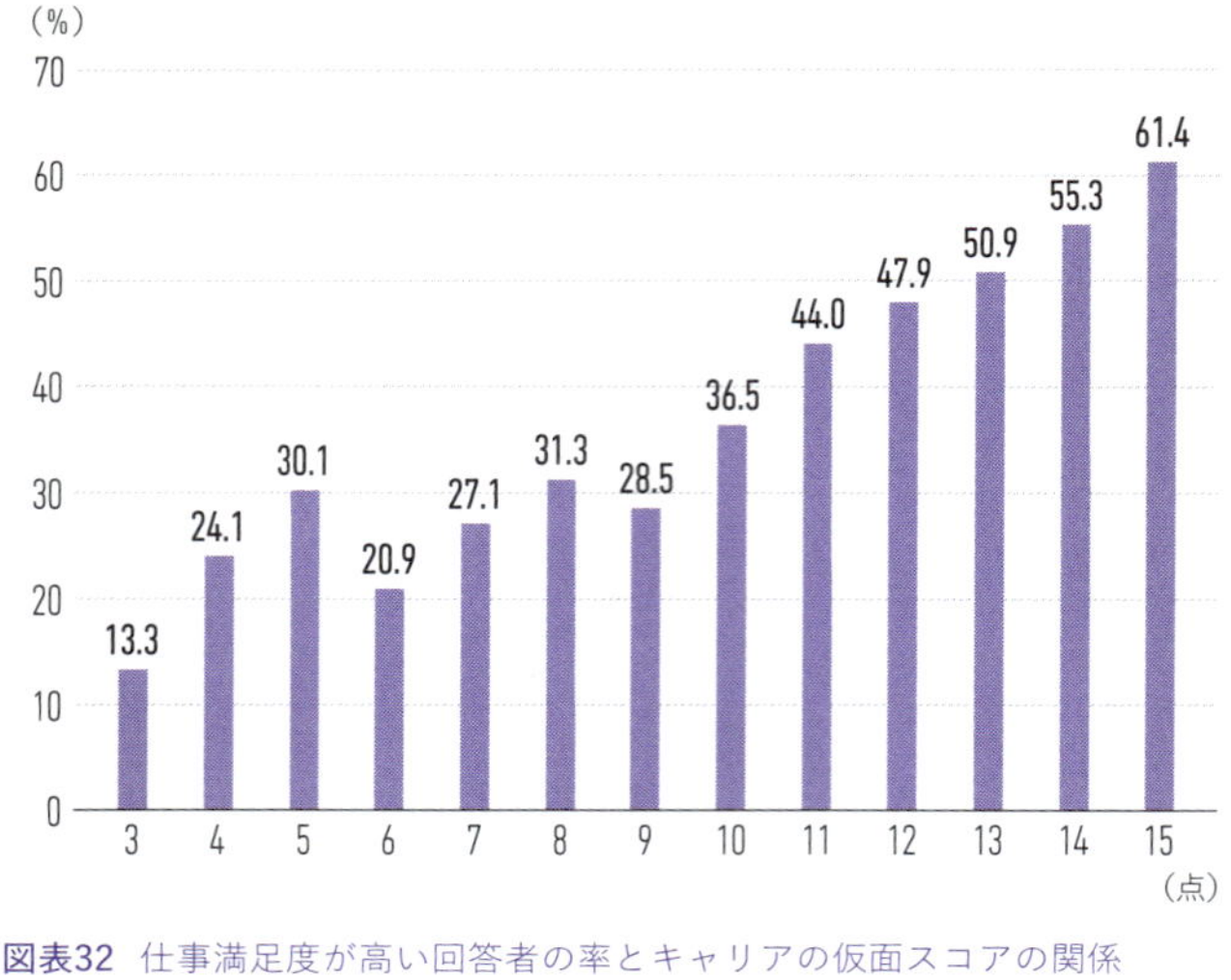

図表32 仕事満足度が高い回答者の率とキャリアの仮面スコアの関係

高いです。年代別では20歳代が41・2%とかなり高く、以下50歳代の31・6%まで年齢が高くなるほど低下していきます（60歳代はやや増加し34・7%）。週労働時間では「20時間以下」が38・8%と最も高く、「41〜50時間」が35・0%と最も低いものの、その差はわずかです。

　結果を整理すると、キャリアの仮面スコアには「女性のほうがやや高く、若手ほど高い。労働時間の長短はあまり関係がない」という傾向が見られます。

　なお、回答者全体におけるキャ

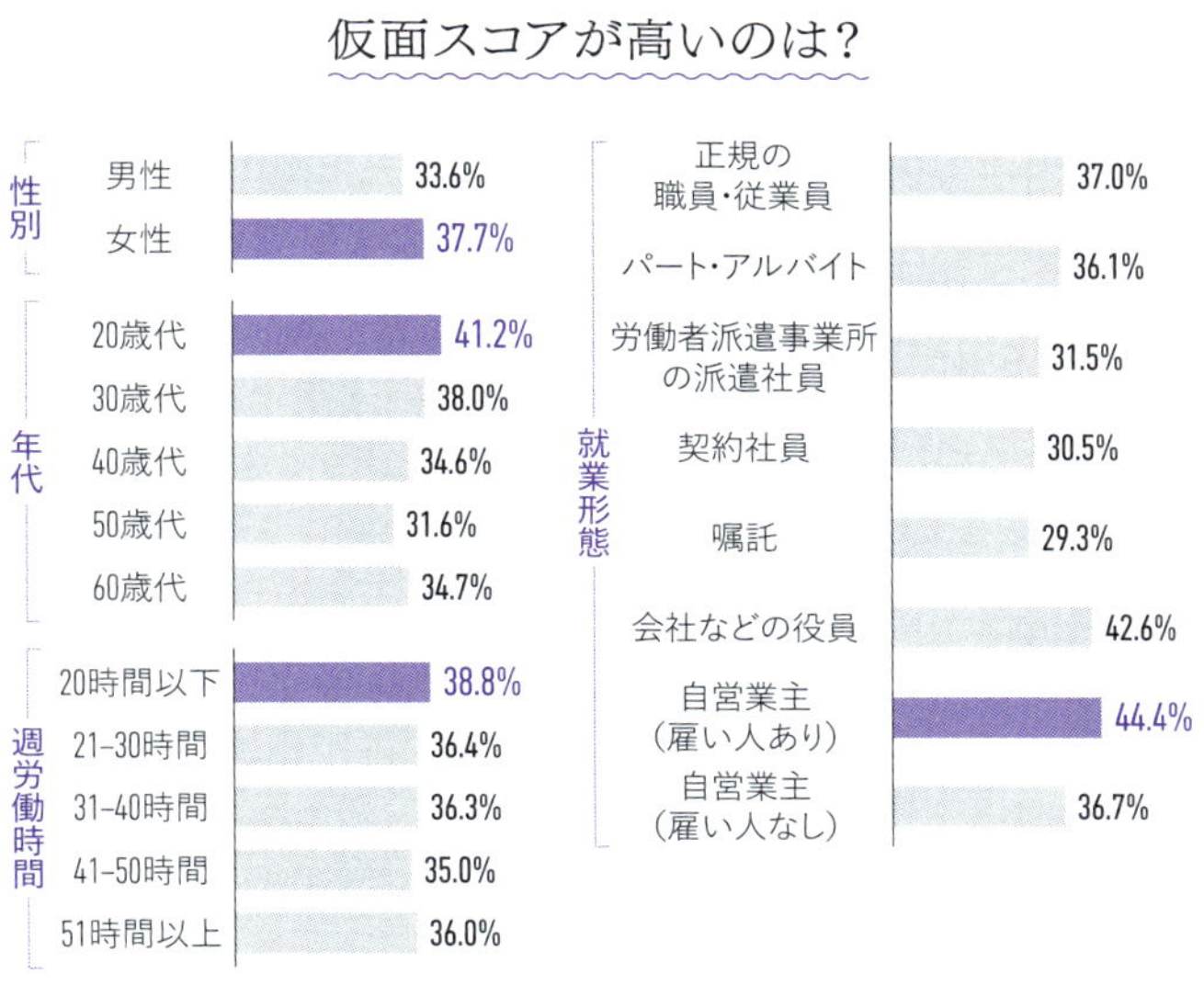

図表33　回答者属性別キャリアの仮面スコアが高い群の内訳

リアの仮面スコアが高い群の割合は35・6％であり、うち図表33[10]の属性に関して高かったグループの例を挙げると、「女性×20歳代×正規の職員・従業員」は47・3％でした。様々なライフキャリアの出来事を想像し、「キャリアの仮面」を使い分けたいと考える回答者が、特に若い世代や女性において多いことがわかります。若い世代ほど過去に比べて労働時間が短くなっていますが[11]、その余剰時間を使って様々な〝仮面の使い分け〟の効果を体感しやすくなっているのかもしれません。また、育児などライフイベントへの感度が高いことが〝使い分け〟ている人への共感も生んでいるのかもしれません。

仮面はあなたを後押しする

私は、「キャリアの仮面」が人生の満足感にどのような影響を与えているかを検証しています。

私の考える影響のプロセスは、以下のようなものです。まず人生の満足度（ライフ満足スコア）[12]には、会社への愛着としての「組織コミットメント」[13]と、「キャリアの仮面」の双方が関わっています。**本業で所属する会社への愛着を持てることの意味は当然として、併せて多元的な自己を持てることが、現代の複雑化し不安の多いライフキャリアのなかでは重要**だと考えるからです。そして、その影響は直接人生の満足度に及ぶだけではなく、まさに「キャリアの不安」を減少させることを通じて影響するのではないか。「キャリアの不安」とは、①「職場でスキルや技能の獲得が十分にできていないこと」、②「スキルや技能が、現在職場で必要な水準に達していないこと」、③「まわりと比べて、自分の成長速度が遅いように感じること」の三つの設問[14]です。

図表34[15]はその筋道をモデル化し、分析した結果の概要です。[16] ここでは以下のことが判明しています。

①「キャリアの仮面スコア」は、「ライフ満足スコア」に有意な正の効果を持つ（ライフ満足を増加する）

②「キャリアの仮面スコア」は、「キャリア不安スコア」に有意な負の効果を持つ（キャリア不安を減らす）

③「キャリア不安スコア」は、「ライフ満足スコア」に有意な負の効果を持つ

④②③のため、「キャリアの仮面スコア」は、「キャリア不安スコア」を減らすことを通じても、ライフ満足を増加させる

⑤組織コミットメントは、ライフ満足を増加する

つまり、「本業の会社に肯定的で、かつキャリアの〝仮面〟を持つ社会人は、キャリア不安が軽減されることを通じて、ライフ満足が高まっているのではないか」という私の仮説は支持されています。[17]

現代の社会人の人生を豊かにすることを仕事の面から考えたときに、

仮面と人生の満足度の関係

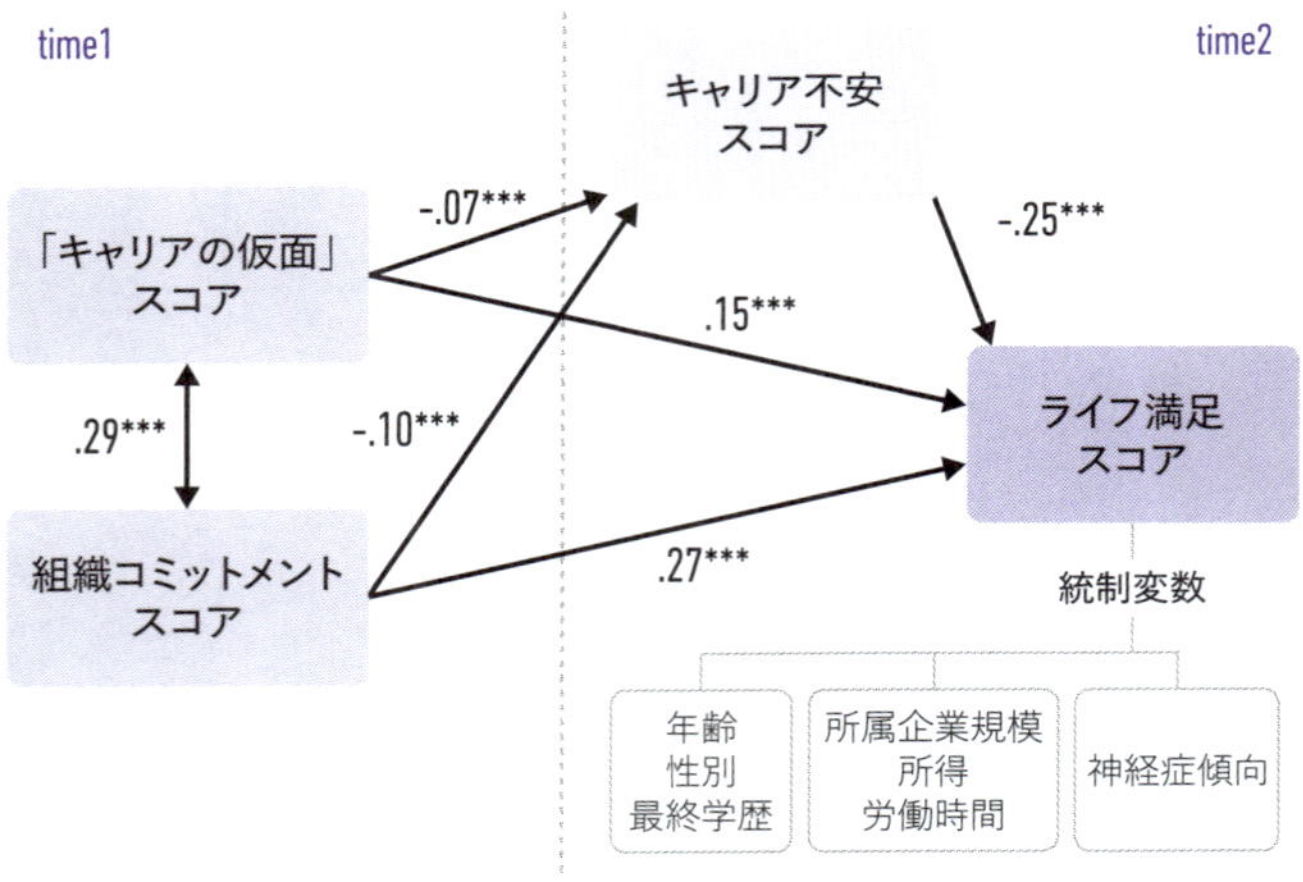

図表34　ライフ満足スコアに対してキャリアの仮面スコアがもたらす影響

本業の会社に愛着を持つことはもちろん重要な要素ですが、ただそれだけで人生の満足感が最大化するのではなく、実は「キャリアの仮面」を活かすことが大切な要素となっていました。

それは、**本業の自分を無理に他の場面で貫きとおす必要がなくなっている**ことを意味しています。社会での役割が同時並行的なものになっていくとき、本業では真面目なキャラクターであるからといって、家庭や趣味、別の活動の場で同じように真面目なキャラクターである必要はないのでしょう。**様々な自分を見せられることが、結果的に自分のキャリア不安を軽減し、人生を豊かにしている**のです。

現代のライフキャリアを考えるとき、ここで発見された「キャリアの仮面」という視点が大切なものとなります。このことが、**キャリアは「人が仮面を切り替えるように、同時並行で進行するキャンペーンの集合体」として捉えたほうが豊かになる**のではないかと私が考える理由です。

キャリア・キャンペーンは、以下のような考え方で人のライフキャリアを見つめます。

- 人のライフキャリアは同時並行で進んでいる複数のキャンペーンの集合体
- 一つのキャンペーンは、時間（開始から終了までの期間）と空間（所属・関係する人）が特定できる、諸行動や諸活動
- 認識するキャンペーンの本数が1本よりは複数あったほうが、ライフキャリアが豊かになる
- キャンペーンは後から振り返って増やすことも可能
- キャンペーンのそれぞれで発揮されるキャラクター・アイデンティティは重なっても異なってもよい（キャリアの仮面をかぶる）

ポジティブ・スピルオーバー

ちなみに、心理学の世界には**ポジティブ・スピルオーバー**という概念があります。有名なものにワークとライフの相互作用とも言えるものがあり、簡単に言えば豊かなライフは豊かなワークにつながる、ということが各種の研究から明らかになっています。

肌感覚としてわかる、という方も多いのではないでしょうか。**人が同時に複数の役割を担うことで相互に好影響（スピルオーバー＝あふれ出す、もれ出す）が起こる**というもので、複数の役割を担うと可処分時間が削られたり、心理的に負担になったりというネガティブな面ももちろんありますが、決して無視できない規模の好影響が起こっているよ、ということです。スピルオーバーとは「一方の役割における状況や経験が、他方の役割における状況や経験にも影響を及ぼすこと」（島津、２０１４）[18]とされます。

キャリア・キャンペーンという考え方においては、キャンペーンを自分のなかで改めて認識することで、内なる「一方と他方の関係」を生み出すことと言えるかもしれません。**自分のなかにある複層的なキャンペーンの存在を整理し知覚することで、それぞれでの行動や経験が良い影響をもたらし合う**。次の一歩を踏み出すためのエネルギーを生み出す。このスピルオーバーは家庭や仕事、本業と副業といったわかりやすいものだけではなく、内なるキャリアのキャンペーン同士でも発生するために、先述のような調査結果となっているのではないでしょうか。複数の「仮面」によって、好循環を生み出すのです。

“合理性”を超えるために

Chapter

8

自律と熱意

「スモールステップ」と「キャンペーン」という、現代の環境において働きかたのデザインに必須であるとわかってきた二つの基本戦略を紹介してきました。そのうえで、あなたのキャリアを考えるうえでお伝えしたい・考えてほしいことに**「自律」**と**「熱意」**があります。

今や企業もメディアも個人でも普通に使われている**「キャリア自律」**という言葉が日本で使われ始めたのは、意外と古く2000年代初頭です。キャリア自律概念を日本において広めた一冊に、2003年に出版された慶応義塾大学教授・髙橋俊介の『キャリア論――個人のキャリア自律のために会社は何をすべきなのか』[1]（東洋経済新報社）があります。流動化する経済社会のなかで、個人の視点からのキャリア自律の重要さと同時に、企業経営の観点からも、従業員のキャリア自律が経営力を強化するということを併せて論じていることに本書の歴史的価値があります。

様々な定義がありますが、大きく言えばキャリア自律とは、**企業や組織に依存・委任せず、自分のキャリアを自分の意志で形成していくことです。**自分の責任で、自分の希望を大切に、自ら決定していく。このことの大切さ自体に違和感を持つ人はいないでしょう。社員のキャリア自律が企業にどう影響するか（いまだに「社員がキャリア自律すると辞めてしまうんじゃないか」と聞かれることがあります）はこの際置いておくとしても、あなた自身のキャリアデザインにとってベースの一つであることは間違いありません。

キャリア自律の弱点

「キャリア自律」という、先人たちが論じ、すでに〝当たり前に重要である〟ことがわかっている概念をここで改めて取り上げているのは、巨人たちの肩の上に乗る、ということももちろんあります。しかしそれと同時に、私が若手社会人と話すなかで感じた、ある違和感が根底にあるのかもしれません。

キャリア自律的な制度、つまり**若手本人が自己の希望や意志によってキャリア形成をしていける制度を人事制度として導入する企業が増えています**。代表的なものに、「公募型異動」「手挙げ異動」があります。これまでの日本企業の伝統であった「会社主導の玉突き型異動[2]」ではなく、社員の意志で異動先を決定できる制度です。また、採用の際に「ジョブ型採用」「職種別採用」を行う企業も増えていますが、これも入社の段階で本人の意志で配属先や配属職種を決定できる制度と言えるでしょう。変わったところでは、異動や配属の際に「上司選択制」(希望した上司のもとで働けるという制度)を設ける企業も出ています。

いずれにせよ、本人の意志を基礎として働く職場や職種を決めるという意味で、こういった制度・仕組みは趣旨を同じくするものです。背景にはもちろん、構造的な若手採用難があり、若手の希望を取り入れて採用力を上げよう・定着率を上げよう、という企業の人材戦略があります。入社の段階から希望は聞かれるようになっていますし、入社した後も「どんな仕事がしたい?」と聞かれることも多いでしょう。本人の意志に育成の基盤を置きつつあることは、内発的動機づけ理論からも理に適っています。

では、キャリア自律を念頭においた人事制度に弱点はないのでしょうか。

私は、一つ大きな弱点が内包されていると考えています。それは「本人の合理性を超えた機会提供が難しい」ということです。**本人が自律的であり、キャリア形成における目標が明確であればあるほど、当然に目的地と現在地を最短距離で結ぼうとします。**すると、この最短距離へのルートから少しでも脇に外れた経験はムダだと判断されます。ただし、計画的偶発性理論やキャリア・ドリフトなどでも言われているとおり、キャリアは、偶発的な出来事に対してどのように反応するかで形成される部分に、後ほど振り返って大切だったと思える経験が含まれると指摘されてきました。つまり、**キャリアが自律的であればあるほど、この偶発性が起こりづらい**（意図的に偶発性を抑制してしまう）可能性があるのです。

この危険性にどう立ち向かえば良いのでしょうか。**「キャリア自律」と「自分の合理性を超えた機会獲得」を両立させる**ことが必要というわけですが、私はその突破口の一つに、「熱意」とキャリアとの複雑な関係を知ることがあるのではないかと考えています。

「仕事を楽しもうとするのはムダだ」

私が所属する研究所において行った調査（「ワークス1万人調査」、2024）で、「仕事とはそもそもつらいものであり、そこに楽しさを見出すことは困難だ」と思うかという質問をしたことがありました。世の中には、「好きな仕事で生きていこう」「仕事のやりがいを考えよう」「会社や仕事へのエンゲージメント」といった、仕事を楽しむことを善とする価値観があふれています。では翻って**「仕事を楽しめない」ことはマズイ状況なのでしょうか**。様々な仕事と向き合うことになるこれからのライフキャリアにおいて、この点を検証したかったのです。

質問に対しての全回答者の回答結果は図表35のとおりでした。「そう思う」が7・5%、「どちらかといえばそう思う」が23・7%、「どちらでもない」が37・7%、「どちらかといえばそう思わない」が22・1%、「そう思わない」が9・0%。「そう思う」「どちらかといえばそう思う」の合計は31・2%、「どちらでもない」が37・7%、「そう思わない」「どちらかといえばそう思わない」の合計が31・1%。つまり、「そう思う」の合計と「そう思わない」の合計が拮抗した結果です。正規分布に近い形となっており、多様な考え方が存在していることがわかります。

まず、この結果を見てあなたはどう感じたでしょうか。この受け止め方も様々です。ある人は「〝楽しめる〟と思っている人がもっと多いと思っていた」、はたまた別の人は「こんなに〝楽しめる〟と考える人がいるんだと驚いた」と言っていました。

「そう思う」「どちらかといえばそう思う」と答えた人に注目してみましょう。「仕事とはそもそもつらいものであり、そこに楽しさを見出すことは困難だ」と考える人々です。

米国労働市場において2022年に注目された言葉に「**静かな退職**（quiet quitting）」がありました。この背景にあると指摘されていたのが、「**アンチワーク**」（anti-work）という価値観です。BBCでは、アンチワークを思想的背景とする一人の哲学者（ボブ・ブラック）の言

仕事は楽しい派・つらい派は半々

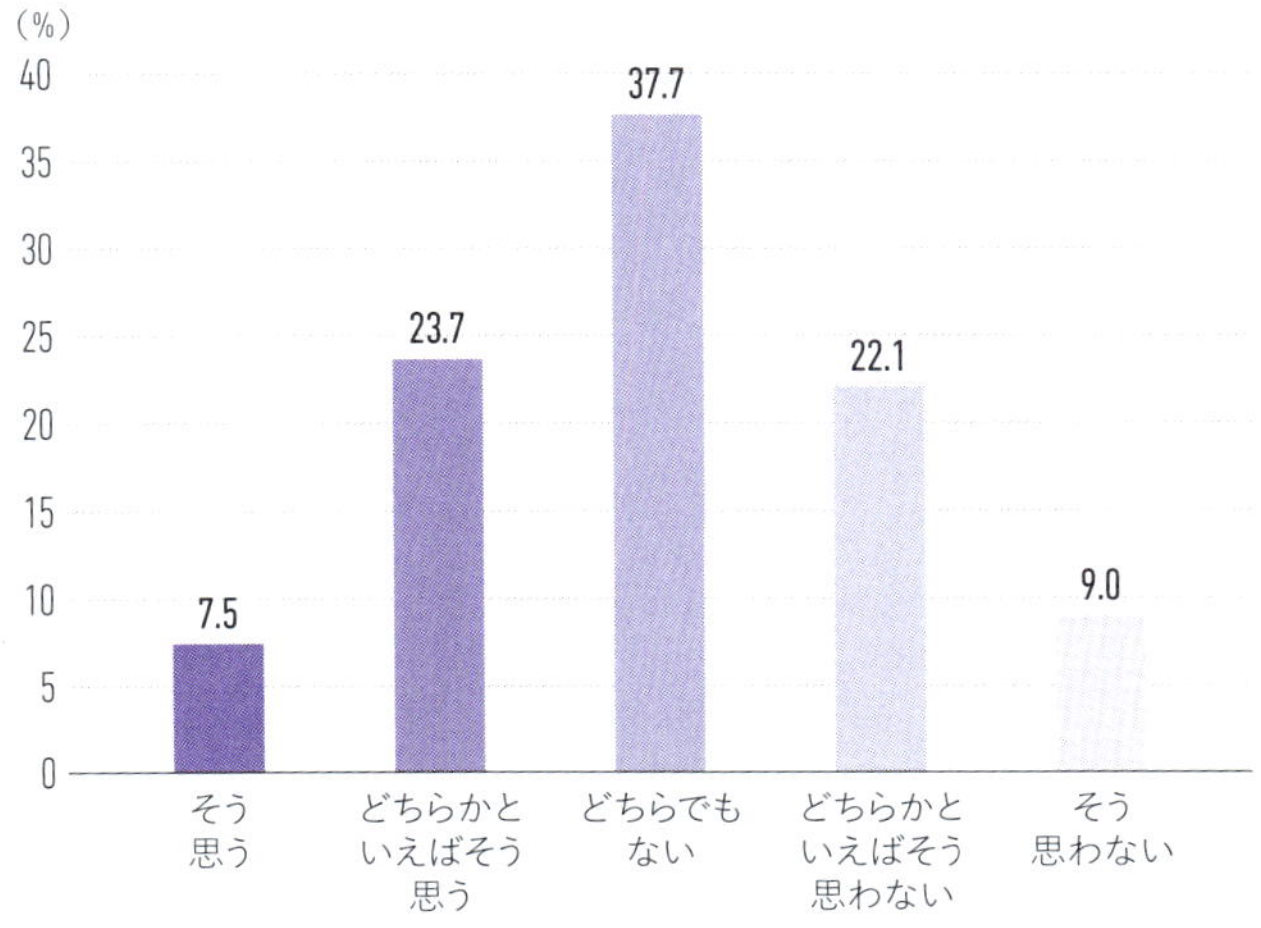

図表35 「仕事とはそもそもつらいものであり、そこに楽しさを見出すことは困難だ」に対する回答

葉を引用しつつ以下のように整理しています。[3]

「『多くの働き手が仕事にうんざりしている。単なる本能的な仕事の拒否ではなく、意識的に拒否する動きかもしれない』とブラックは書いており、人々は必要な仕事だけをし、残った時間を家族や自分の情熱に捧げるべきだと提言している」[4]

各種のキャリア理論や企業で唱えられてきた〝キャリア自律〟、そして内発的動機づけや〝Ｗｉｌｌ〟の重要性。しかしそれと真逆なものとして、実は仕事に対して反感や諦めといった気持ちが存在している。これまでよりも私たちと仕事の関係は複雑化していきます。全ての知人と同じように付き合うことがありえないことと同様に、その全ての仕事・全ての業務と同じ付き合い方をすることもありえません。

では、その付き合い方の幅はどれくらい広いものなのでしょうか。

楽しまない者たち

こうした「仕事とはそもそもつらいもの」観を持っているのはどんな人に多いのでし

ようか。[5] 日本の就業経験者で特に**「そもそもつらいもの」観が高い傾向なのは、「男性、大卒以上、正規社員、大手在籍、若手」**という結果でした（図表36）。

まず男女別では、男性34・3％、女性28・0％と男性が高いです。学歴では大卒未満[6]が29・1％、大卒以上[7]が32・4％と大卒以上が高く、就業形態別では、正規の職員・従業員が35・0％と最も高いです。大手企業在籍[8]かどうかでは、大手在籍者が36・2％、大手在籍でない者が29・5％と大手在籍者のほうが高いです。また、年代別では

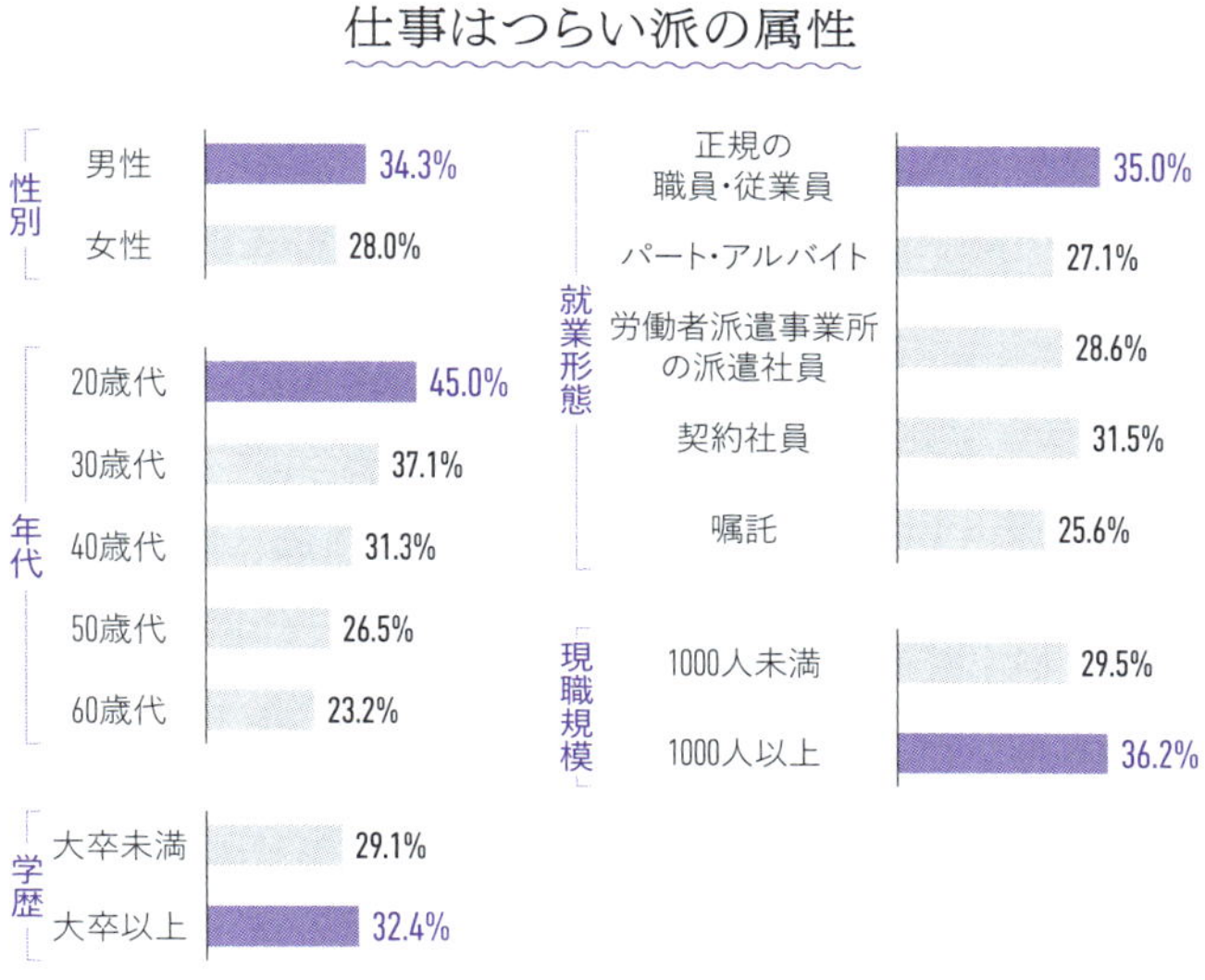

図表36 「仕事はそもそもつらいもの」観を持つ者の属性別割合

20歳代が45・0%と最も高く、年齢が上がるにつれて低下する明確な傾向が見られます。

私はこの結果を見て、正直、意外に感じました。日本社会において比較的に恵まれたキャリアパスを歩むことができるとされる属性の人が高く出ているからです。大手企業の正規の大卒以上社員といえば、**総合職として幹部候補で入社し、所得も地位も上がりやすいキャリアパスを選びやすい。まさにそういった人たちが、「仕事とはそもそもつらいもの」だと言っている**のです。

なお、若手の年収と労働時間と「そもそもつらいもの」観の関係を見たところ（雇用形態間で差が大きいため、この集計は20歳代の正規雇用者で実施）、大企業勤務者で「そもそもつらいもの」観が高いことを反映しているためか、「そもそもつらいもの」観を持つ人のほうが年収がやや高く、労働時間がやや短い結果となっています（図表37[9]）が、その差はほとんどないと言えるでしょう。

「仕事はつらいもの」は悪ではない

では、「そもそもつらいもの」観は、日々の仕事や生活とどのような関係があるのでしょうか。こちらも、20歳代の正規の職員・従業員を対象に分析しました（なお、以下の結果は、全年代・合計でもほとんど同様の結果が出ていました）。

まずは仕事面との関係について見てみましょう。

「そもそもつらいもの」観を持つかどうか別に、**①ワーク・エンゲージメント**[10]（仕事への熱意、思い入れ）

「仕事はつらいもの」観と所得・労働時間

	年間所得（万円）	週労働時間
「仕事はそもそもつらいもの」観を持たない	360.9	41.9
「仕事はそもそもつらいもの」観を持つ	371.6	41.4

図表37 20歳代・正規雇用者における所得・労働時間と「仕事はそもそもつらいもの」観の関係

と**②仕事満足度**、[11] **③キャリア進捗満足度**[12]との関係を見たのが図表38です。仕事面の充実に「そもそもつらいもの」観はネガティブな影響を与えると考えられそうですが、予想のとおりワーク・エンゲージメントと仕事満足度のスコアについては、「そもそもつらいもの」観を持つ人のほうが低い傾向が見られます。ただし、ワーク・エンゲージメントではその傾向差が大きいのに比べて、仕事満足度の差は小さくなっています。

一方、キャリア進捗満足度ではその関係が逆転していました。つ

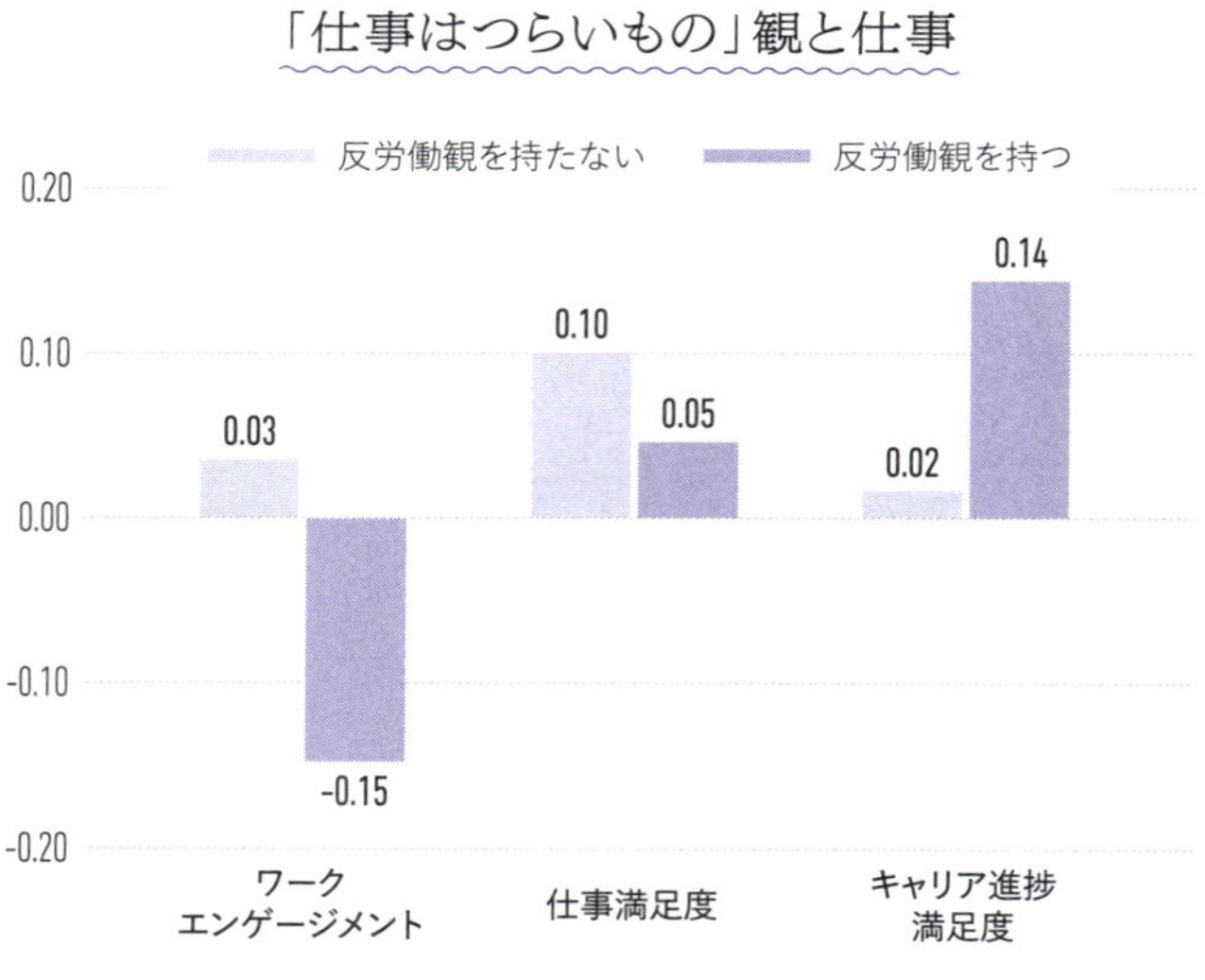

図表38　仕事面と「そもそもつらいもの」観の関係

まり、**「そもそもつらいもの」観を持つ人のほうがスコアが高い**のです。こうした状況からは、キャリアの初期に「そもそもつらいもの」観を持つことがキャリア形成に与える影響[13]の複雑性が見えてきます。目の前の仕事へのエンゲージメントは低いものの、仕事に期待することが少ないために満足を感じやすいのかもしれません。

次にプライベートの満足感について分析してみましょう。

図表39の各項目の「満足している」割合を分析すると、ほぼ同水準であり、やや「そもそもつらい

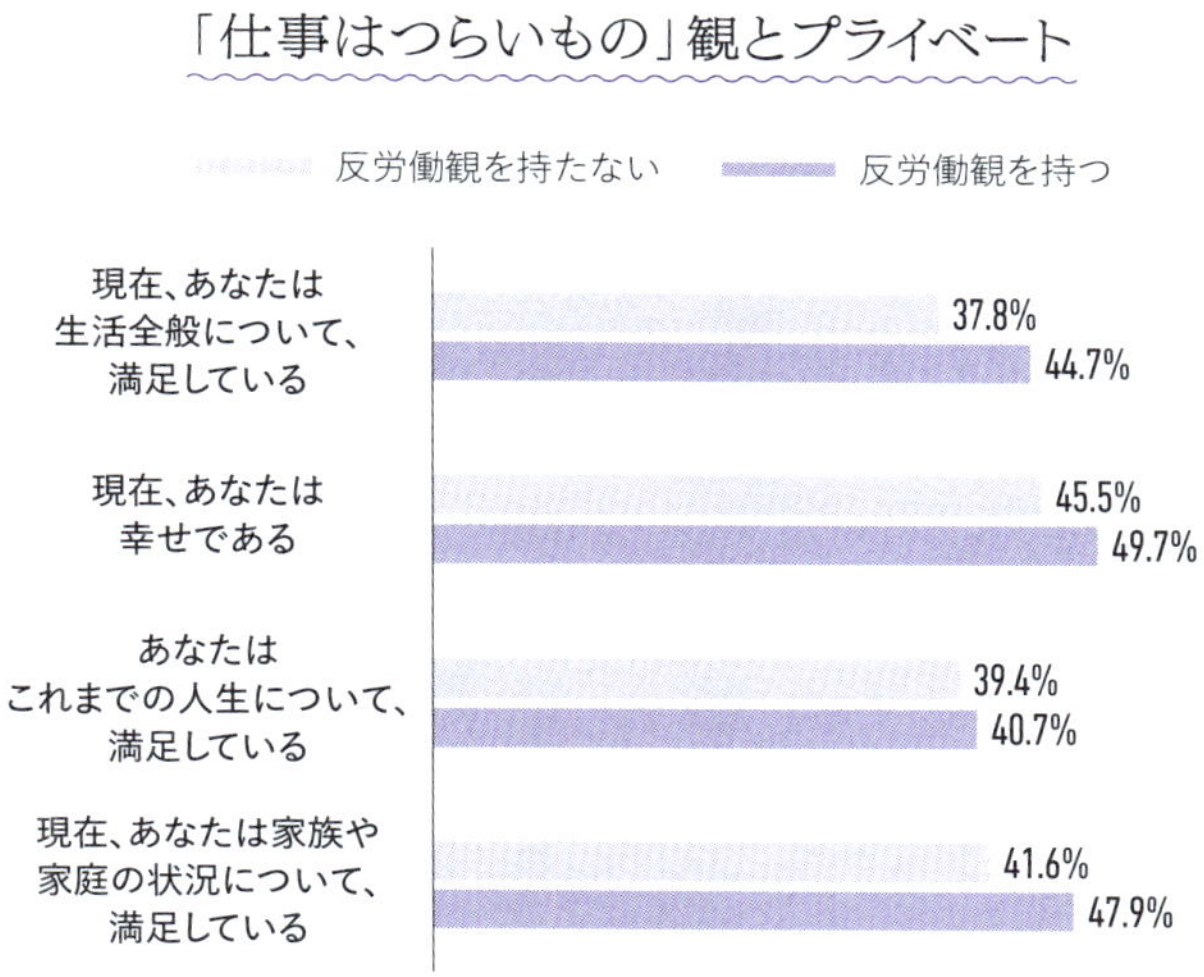

図表39　プライベート満足率と「そもそもつらいもの」観の有無

もの」観を持つ人のほうが高い傾向が見られました（なお、5％水準で有意な差があった項目は、「現在、あなたは生活全般について、満足している」のみ）。いずれにせよ、「そもそもつらいもの」観の有無はプライベートの満足感には大きな差異をもたらしていないのです。

つまり、「そもそもつらいもの」観を持つ人は傾向として、「ワーク・エンゲージメントは低く、キャリア進捗の満足度は高く、プライベート満足度はやや高い」と整理できます。こうした結果はライフキャリア全体を通じた分析からは「仕事はそもそもつらいものであり楽しもうとすることは無駄だ」という仕事観が一律に〝悪い〟とか〝良い〟とは言えないことを意味しています。

ライフキャリアの形成とその満足感に関して、**「仕事に対してある種割り切って付き合う」「熱意はないが仕事をするのだ」というスタンスが一括りに悪い影響を持つとは言えない**のです。

「楽しめるか」と成果は別

仕事は単に苦痛でしかないとした社会人の声を、若手から先輩世代まで紹介していきます。ここで取り上げるのは、「仕事はそもそもつらいもので、楽しもうとすることは困難だ」という質問に「あてはまる」と回答した人の声です。

26歳のAさん（男性、金融業）は、データサイエンティストの仕事をしており、仕事に関して以下のように語っていました。

> 仕事に熱込めて頑張って、いろんなものを犠牲にして頑張っても得られるものがそれほどない。ほどほどでこなしていけばいいかなと悟っちゃいました。……怒られたら頑張ればいいやと思って。今のところ、何とかなっています

少し年齢的には上の43歳のBさん（男性、製造業）は、広報関係の専門職として勤務するなかで、仕事への姿勢についてこう語っていました。

仕事が楽しいとか自己実現しようみたいなことは思ったことなかった。私が社長であったり、責任ある立場だったらまだしも、そうではないですし

ただ、Bさんはここで1点強調していました。

ただ、勘違いしないでほしいのは、仕事はしないでサボっているとか、会社が嫌いだというわけじゃなくて、逆だということです。他の人より多分仕事はたくさんやっていますし、結果も出してるんですけど、結論としては仕事は面白くない。稼ぐためにやってますと。その割り切りがあるのが、逆に良いのかもしれない

逆説的成果主義？

「そもそも仕事はつらいもの」観を持つ人々はワーク・エンゲージメントが明確に低い

ですが、仕事のパフォーマンスとの関係はそれほど一律的ではない可能性があります。例えばパフォーマンスの一つの代理指標となる年収については前掲のとおり、むしろ高い傾向[14]にありました。

40歳のCさん（女性、サービス業）は、広告業界に就職後、デザイナーとして別の会社に転じた後、プライベートの時間を持ちたいという理由で現職に転じています。熱意とパフォーマンスの関係について次のように語っていました。

> 私は多分、仕事に対してそんなに熱意があるほうじゃないと思う。でも、仕事していくうえでミスなく、そつなくこなして、なるべく早く自分のことを片づけて余白を作っておいて、急な仕事が来ても対応できるようにしています。熱意はないですが、チームのなかでパフォーマンスはあるように工夫してやっています

携わる仕事の全体像を見ながら、急な依頼にも対応できるよう仕事を進めているそうで、率直に頼りになりそうだなと話をしていて私は感じました。Cさんの仕事において

は、仕事観の入り込む余地はあまり大きくないのかもしれません。

また、前出のBさんはこう語っています。

結果が出ないと自分の言いたいことを主張できないし、あとは会社もいつ首になるかわからない。その可能性ももちろんゼロではないので、興味があるとかないとかではなく、自分で自分をいつも高めていかないとやっていけないかなと思ってる

「そもそもつらいもの」的な自分の仕事の見方やスタイルを貫くために、成果を挙げたいと思っている。やる気があるとかないとかではなく結果で見てほしい。仕事に「興味があるかないか」には本質的に関心はないが、それだけにむしろ結果や成果を重視したい。ある種の〝逆説的な〟成果主義が、回答者たちの意見からは顔を出しています。

なお、仕事への熱意や楽しさ（エンゲージメント）とその仕事におけるパフォーマンスの関係についてインタビューで聞いたところ、「強く関係する」という意見もあれば、「関

係しない」、そして「関係する人もいるが関係しない人もいるのでは」という意見もありました。

私は、人によってその関係にかなりの差があるのではないかと考えます。例えば、両者が関係はしないがパフォーマンスは高い就業者を、熱意が持てるかどうかといった不確定な要素に影響されずに高い成果を挙げ続ける職人肌の**“プロフェッショナル”**だと感じます（図表40の右下）。

会社で働く人の4タイプ

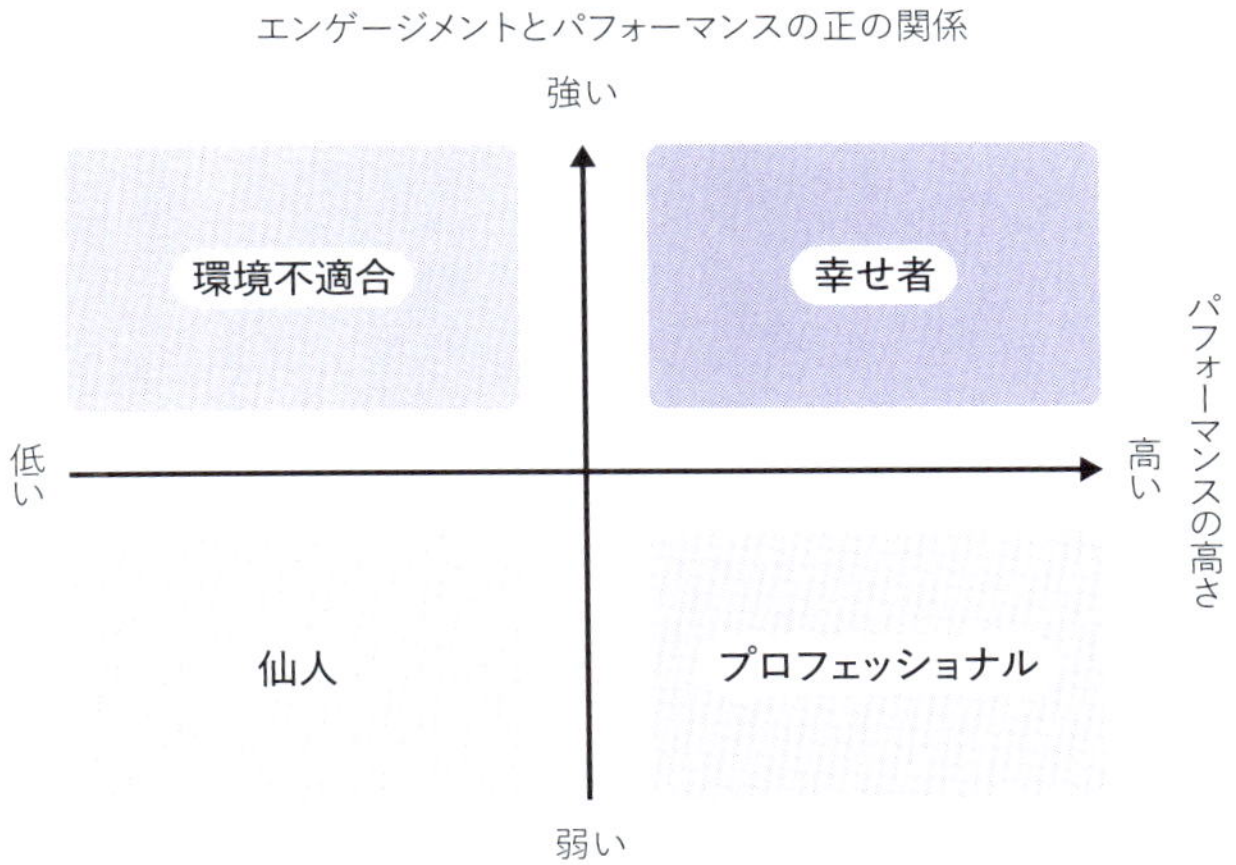

図表40　エンゲージメントとパフォーマンスの関係認識に基づく就業者の4つのタイプ

熱意とパフォーマンス、そのいくつかのタイプ

この点について、26歳のDさん（男性、情報通信業）は、今の仕事への思いと自身のキャリア形成への複雑な思いを以下のように話しています。

> 僕のなかではやっぱり、仕事っていうのはつらいって印象が強い。楽しさを見いだすことはできると思うんですけど、やっぱり自分の自由な時間を要は削って、生活費を稼ぐために仕事をしてるという印象が強い

> でもやっぱり自分の市場価値を高めたいという気持ちもあって、いま資格の勉強をしていて、海外の部署へ異動するための勉強もしている。仕事しながらも、勉強をして自分を高めていきたいな、と

なお、Dさんは熱意とパフォーマンスの関係について、

熱意とパフォーマンス、やっぱり切っても切り離せない関係だと思う。自分に熱意があるからこそ、パフォーマンスって向上すると思うんですよ。ただ、自分は希望してる会社に今いないので、どうしてもちょっと弱いのかなっていう

と話していました（図表40の左上、〝環境不適合〟タイプ）。

42歳のEさん（男性、建設業）は次のように話しています。

正直に言いますとモチベーションを維持するとか高めたりとかっていうのが私個人としてあまり意味をなさないというか。やるべきことをやっていくっていうような感覚のほうが強い。なので、楽しいからこの仕事をやりたいっていうよりも、今、必要だからやるという気持ちです

Eさんは大手建設業においてエンジニア部門の管理職を務めており、10名ほどの部下を抱えるチームのマネジャーです。当然、組織において一定以上のパフォーマンスを挙

げている結果として現在のポジションにいると考えられます（図表40の右下、〝プロフェッショナル〟タイプ）。

また、Eさんはエンゲージメントへの評価について以下のように話していました。

年に1回、各部署ごとのエンゲージメントの確認があることに非常に違和感を感じます。モチベーションが高かった部署ですっていうふうに発表されたりしていますが、「だから、何だ？」というふうに正直思っちゃう

併せて、47歳のFさん（女性、製造業）の言葉を紹介します。

私は熱意と仕事の成果は全く関係ないと思います。私がしている医療機器の不具合の報告というのは、何日以内に報告することが法律で義務づけられていて、自分が拒もうが来る時には来るので。それを期限内に返答して結論を出さなきゃいけないっていうことについて、モチベーションは関係ないです。その時のそのレポートの質とかは本人の知識であり文書力なので。本人がつらいかどうかは、も

ちろん熱意があって楽しいと思っていればつらくはないのかもしれませんけれども、アウトプットの質はそれとは関係ないと思っています

Fさんは「やる気と知識は切り離せる」と語り、Fさんが従事する医療機器の検査という専門職においては、知識の量と質がアウトプットに直結するため、熱意とパフォーマンスについて「全く関係ない」のではないかと話していました（図表40の右下、〝プロフェッショナル〟タイプ）。

このインタビューの最初に紹介したAさんは次のように話しています。

理解のない人からのむちゃなオーダーに短期間で応え、説明し、でも理解してもらえなくて、結局何にも反映されないみたいなこととかもあったりして。そういうところは、悟りながら仕事しています

期待してないので。期待してないから、こんなスタンスでいるだけなので。僕が頑張ったとて、頑張んなかったとて仕事はまわるし、頑張れば頑張るほど仕事だけは増えたしっていうのがあるので、プライベートを犠牲にして力入れなくていいかなっていうのは思っているところです

Aさんはある種、粛々と仕事はしています。もちろんパフォーマンスは決して高くはないとAさん自身が語っています。しかしその源にあるのは、エンゲージメントが低いからパフォーマンスが低い、ということではなく、そもそもエンゲージメント以前の問題として仕事に何も期待をしていないということです。このように、達観した仕事との関係性を持つ社会人も存在していました（図表40の左下、〝仙人〟タイプ）。

私は日本の企業におけるエンゲージメントとパフォーマンスの複雑性は、もっと正面から認識されるべきだと考えています。おそらく現状は、図表40の「**幸せ者**」か「**環境不適合**」かの2択で議論がされています。エンゲージメントが高いから仕事ができる＝幸せ者か、もしくはエンゲージメントが低いから仕事ができない＝環境不適合か、の二

項対立です。しかし、個々人のライフキャリアの多様性が広がるなかで、そんなに単純ではないのでは、と感じてしまいます。それが、**「プロフェッショナル」**と**「仙人」**という立ち位置で、上で紹介したとおりです。

キャリア自律にひとつまみ加える

私は、「熱意は仕事に必要ない」ということを伝えたいのではなく、「熱意が持てるか持てないかが、決して仕事の全てではない」ということをみなさんに認識していただきたいのです。もちろん「仕事を楽しむ」ことは良いことです。常にエンゲージメントが高い仕事を、いつも〝Ｗｉｌｌ〟が持てる仕事をして、ライフキャリア全体がハッピーになるのであれば、こんなに素敵なことはありません。しかし、仕事への熱意と仕事のパフォーマンス、そしてライフキャリア全体の満足感との関係は、もっと多様で複雑なものなのです。

そう考えたとき、「熱意が持てない」ことでキャリアの選択肢から完全に除外してしまうことは、あなたのライフキャリア全体の一つのパーツとして魅力的かもしれない隠れた〝何か〟の可能性を頭から否定してしまうことになります。

また、熱意やエンゲージメント・Ｗｉｌｌに依存しない選択の柔軟性を認識することは、「自分の合理性を超えた機会の獲得」を行うための足場を確保することにもつながるのではないでしょうか。

「この仕事には熱意やＷｉｌｌがないから意味がないし、さっさと辞めよう」、ではなく、「別で熱意は持てそうだし、こっちではまあ違うことを大事にするかな」という柔軟なスタンスで取り組めれば、偶発性をライフキャリアに取り込むことにもつながります。熱意とキャリアとの複雑な関係が、あなたに偶然の機会をもたらすのです。**熱意だけに依存しない、自分の合理性を超えた機会**を取り込めるのです。

ところで、日本の「キャリア自律」は視野が狭いのでは、という指摘もあります。図表41[15]は、日本とアメリカとで、ともに「自分はキャリア自律ができている」と回答した者の、将来のキャリアのために取り組んでいることについての回答結果です。

全ての項目で、キャリア自律的なアメリカ人のほうがキャリア自律的な日本人よりも、様々なことに取り組んでいる割合が高いことがわかります。キャリアの自律＝キャリアを自分で作る、とは何なのか。いま思っているキャリアの作り方は実は入口にすぎず、その先に大きな広がりがあるかもしれません。ライフキャリアを形成していく際には、もっと自由な発想やもっと幅広いアプローチがあり、その作り方には深い懐があるのです。楽しめるかどうかで入口を絞ってしまう必要はありません。

日米のキャリア自律意識と行動の差

	日本	アメリカ
新しい知識やスキルの習得	49.7%	55.3%
キャリアプランの明確化と目標設定	25.3%	44.8%
ネットワークを広げてつながりを築く	24.1%	45.3%
産業変化のトレンドや労働市場の変化に対する情報収集	20.8%	37.4%
メンターを見つけてアドバイスを受ける	16.6%	30.0%
ワークショップ等に参加して自己成長につなげる	19.3%	35.0%

図表41　将来のキャリアに対して取り組んでいること（自分はキャリア自律ができている、と回答した者のみを対象とした結果）

Chapter 9

「組織との新しい関係」を築く

「育てると辞めてしまう」という根源的恐怖

若手が少し仕事ができるようになったと思ったら、いきなり「話があります」と言ってきて、そのまま退職してしまった

いわゆるポータブルスキルを持つ部署の社員ほど辞める

他で通用するとわかると辞めてしまうから、研修であまり良い経験をさせたくないという意見が社内にある

キャリア自律すると辞めてしまう社員が増えるんじゃないですか？

私は若手育成について企業や経済団体と共同で取り組みを行っていますが、その取り組みのことを紹介すると、企業の経営者や人事の方々からこのようなリアクションをいただくことが多々あります。良い経験をしすぎると辞めてしまう、キャリア自律は大事

だとわかってはいるが、それによって退職率が上がってしまうのではないか。[1] 変わってしまった社会や環境のもと、人と組織の間には様々な疑念や不安が渦巻いています。

組織の不安は、一言でいえば「育てるほど辞めてしまう」というものです。**確かに育つほど辞めてしまう傾向はあります。**私の調査でも若手社会人において離職率が高いのはエンゲージメントが高く、様々な社会的経験が多い、ハイパフォーマー層でした。[2] 考えてみれば、それは当然のことです。転職という選択をするにあたり、経験・スキル・知識といった専門性の水準が高い人のほうがより多くの選択肢から選ぶことが可能であるため、現在よりも良い条件の転職先を探すことができる可能性も高まるからです。

この**「育てれば育てるほど辞める」という問題、育成と定着のアンビバレントな関係は、とてもシンプルなトレードオフ**であるがゆえに、簡単な解決方法が存在しない問題です。だからといって、育てない・育たないことは人も組織も誰も求めてはいません。根底にこうしたすれ違いがあるなかで、企業の育成投資が減少している（例えば、大手企業の若手社員への業務を離れた研修・訓練機会であるＯｆｆ‐ＪＴは受講時間ベースで２０１５年から２０２３年にかけて３割以上減少しています。１章参照）ことに、私は強い危機感を感じています。

さて、**選択の時代となり、人と組織の間には、このある種の不信感が横たわっている。**

このやっかいな問題に対して、私が経営者や人事責任者のみなさんに提案している一つの〝解決策〟があります。それが**ハイパーメンバーシップ型組織戦略**です。

会社とゆるくつながる

ハイパーメンバーシップ型組織戦略とは、私が命名した、企業が取り得る組織戦略で、**「フルコミットでその会社で働いていない人材に対して、メンバーシップを提供できる組織」**のことです。

その会社のメンバーの一員であるというコミュニティへの所属感や、その組織の魅力感・あるいは各種実益、つまりメンバーシップは、これまで「その会社でほぼ毎日仕事をしている人」のみに提供され、その会社の人材といえばその人たちのことを指していました。ですが本当は、そのメンバーシップが届いている範囲はもっと広いのではないでしょうか。その会社の人材力のすそ野には、毎日会社で働いているメンバーだけではなく、その周辺、つまり「毎日その会社では働いていないけれど、その会社の仕事と何らかの接点があって魅力を感じている人」も存在するのではないか。このメンバーシップのすそ野のことを「ハイパーメンバーシップ」と呼び、このハイパーメンバーシップを持つ人材を関係人材（または関係社員）と呼びます。関係人材の力を活かして業務を遂行できる組織がハイパーメンバーシップ型組織です。（なお、濱口桂一郎が提唱するメンバーシップ型とジョブ型の議論とは独立して成立する概念と考えられ、どちらの人材マネジメントを行っている組織とも組み合わせることが可能です。いわば、メンバーシップ型やジョブ型は「中核人材

ハイパーメンバーシップ型組織戦略のイメージ

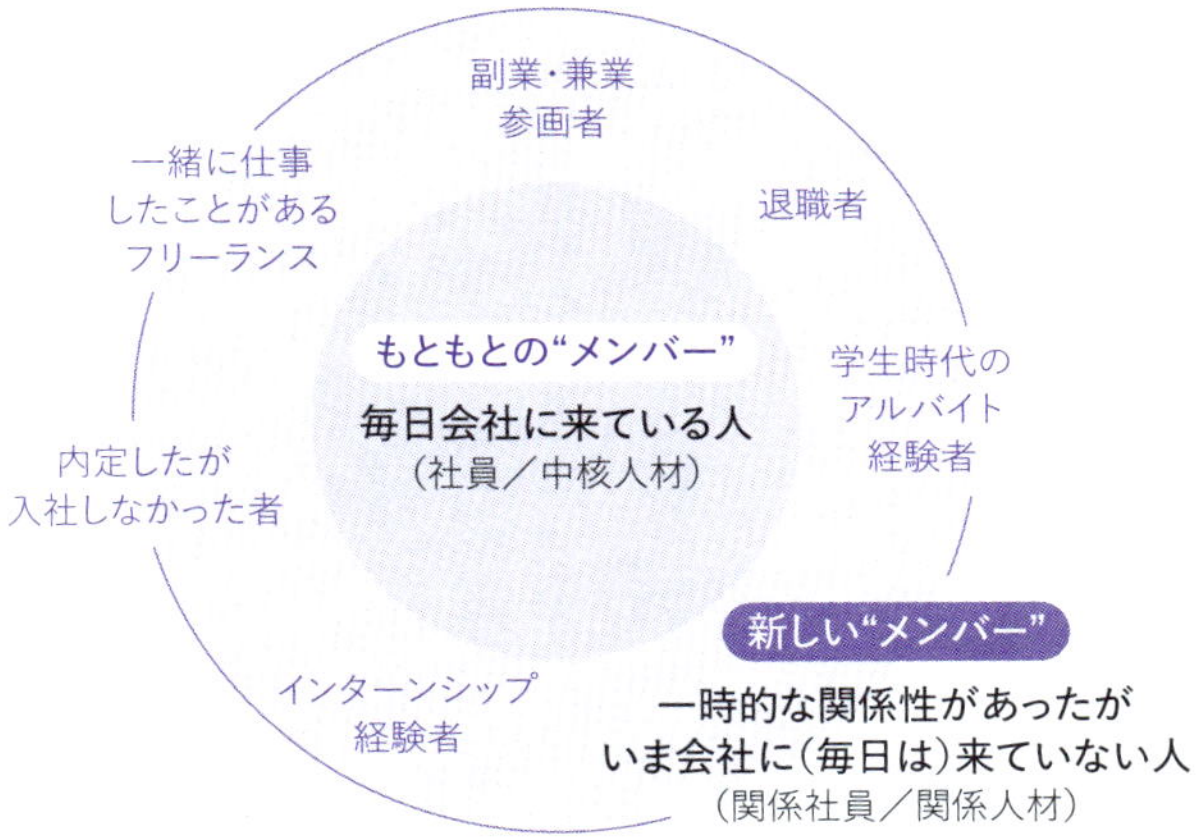

図表42

のマネジメントシステム」であり、ハイパーメンバーシップ型組織戦略は「非中核人材も含めた人材マネジメントシステム」の呼称と言えます)

ハイパーメンバーシップ型組織戦略の何が良いかといえば、例えば**辞めた人の力を**(**100%ではないにせよ**)**活用できる**ことにあります。辞めたあと、フルコミットの中核人材ではなくなりますが、「関係人材」としてつながることができます。この関係人材の力を業務に活かすことができれば、「育ててきたが辞めてしまって全部ムダになった」ということはなくなります。ハイパーメンバーシップは、まさに、育成と定着のシンプルだからこそ抜き差しならぬ矛盾関係を解決できる組織戦略なのです。

では、その会社の「関係人材」になり得るのは、どのような人でしょうか。例えば、

- 副業・兼業でジョインしたことがある人
- 退職した人(いわゆるアルムナイ。ただし、ポジティブにその会社を退職した人)
- 何週間かインターンに来たが、入社しなかった人
- 内定したけど、入社はしなかった人(中途・新卒ともに)

学生時代にその会社でアルバイトをしたことがある人
その会社で働くことに強い関心がある人

その他にもいろいろな関係人材の可能性があり得るでしょう。その会社で働くことに一般的な水準を超えて魅力を感じている人材が、関係人材のすそ野を形成します。ハイパーメンバーシップ型組織戦略では、こうした関係人材に対して以下のようなアプローチが可能です。

> 今、うちの会社でこんなポストが空いて募集がかかっているけど、来ませんか？

> そろそろ戻ってこない？　今度こんな仕事しようと思うんだけど、君の経験が活かせると思うんだよね

> うちの会社で新しくこんなプロジェクトをやりたいんですが、○○ができる人で関心ある人います？　副業でも可です

いきなり、縁もゆかりもない外部人材に声をかけるより、来てくれる可能性も活躍できる可能性も高いです（実際に、活躍できる可能性が高いことが調査からわかっていますので、後で紹介します）。関係人材を活かした人材力向上は、育成と定着の矛盾関係を解決する数少ない打ち手であるとともに、構造的な人材不足に直面しつつある日本社会において、「人材力を高めたい」企業が採用できる組織戦略の一つとなると考えられます。

すでに、アルムナイ採用や内定辞退者のコミュニティ形成支援、副業・兼業のマッチングまで、ハイパーメンバーシップ型組織戦略の萌芽が日本の企業社会で現れ始めています。また、地域企業のなかには副業・兼業人材やインターンシップ経験者で関係人材の層をつくり、実際にそのなかからフルコミットの中核人材に〝転職〟する人が出てきている企業があります。

こうした流れから、採用プロセスから面接の回数を減らして、副業・兼業等で一定期間一緒に働いたうえで双方の合意で入社を決める、という「関係人材になってもらってから、中核人材になるかどうか双方が考える」というやり方をしている企業も生まれてきています。

徐々にシフトするという個人の戦略

何度か紹介したとおり、副業・兼業の解禁率は大手企業でも近年飛躍的に上昇しています。企業においてこのハイパーメンバーシップ型組織戦略の合理性が高まるなかで、それに対応して個人のキャリア戦略にも全く新しい選択肢が出現しつつあります。それが**「コミットメントシフト」**です。「コミットメントシフト」とはどんなキャリア戦略なのでしょうか。

「ある日を境にして、前の会社を辞め別の会社に転職する」のではなく、副業や兼業などの形態を経由して少しずつ別の会社やプロジェクトに携わり、**徐々に〝コミットメントを移していく〟**ことで、リスクフリーかつ能動的に自身のキャリアを変えるキャリア戦略のことです。

転職というキャリアチェンジは、企業にも個人にも大きなリスクがあります。転職希望者にとって知りたいが知り得ない情報として、「配属される部署の雰囲気」「レポーティングラインの上司や部下の特徴」「キャリアパス」の3点が大きな要素として存在しています。この3点については、〝働く前に知ることが困難〟ですが、逆に言えば特に前の

2点については〝働けばすぐにわかる〟要素でもあります。

企業にとっても同様のリスクがあります。せっかくたくさんの手間とコストをかけて採用した人材がすぐに辞めてしまったらどうしよう。辞めなくとも、想定していた活躍ができなかったら……。こうした「こんなはずじゃなかった」は、転職に伴う企業・個人双方のリスクです。

このように、現代の転職のあり方は、まだ完全ではありません。どうしても起こってしまうギャップやミスマッチのリスクを軽減しようと試行錯誤が始まっていますが、次世代のキャリアチェンジのあり方の一つとして、まず「所属組織に対するコミットメントの比率を下げて」、「別の活動にコミットし」、「その後にコミットメントの割合を移す」という形態でのキャリアチェンジが起こっていることを私は発見しています。これをコミットメントシフトと呼んでいます。


副業で働いたことのある会社への思いが膨らみ、後々に本格的にジョインした人、社外の活動に熱を上げるなかで自社での仕事の面白さに気づいた人、退職した後も元の会社の仕事を行っている人。私はこの概念を2019年に提唱した後、様々なコミットメントシフトをした社会人の話を聞いてきましたが、確かに個別のケースでは興味深いキャリアチェンジの事例をたくさん聞くようになっています。では、「コミットメントシフト」は、個人にとって本当に効果的なキャリア戦略になり得るのでしょうか。

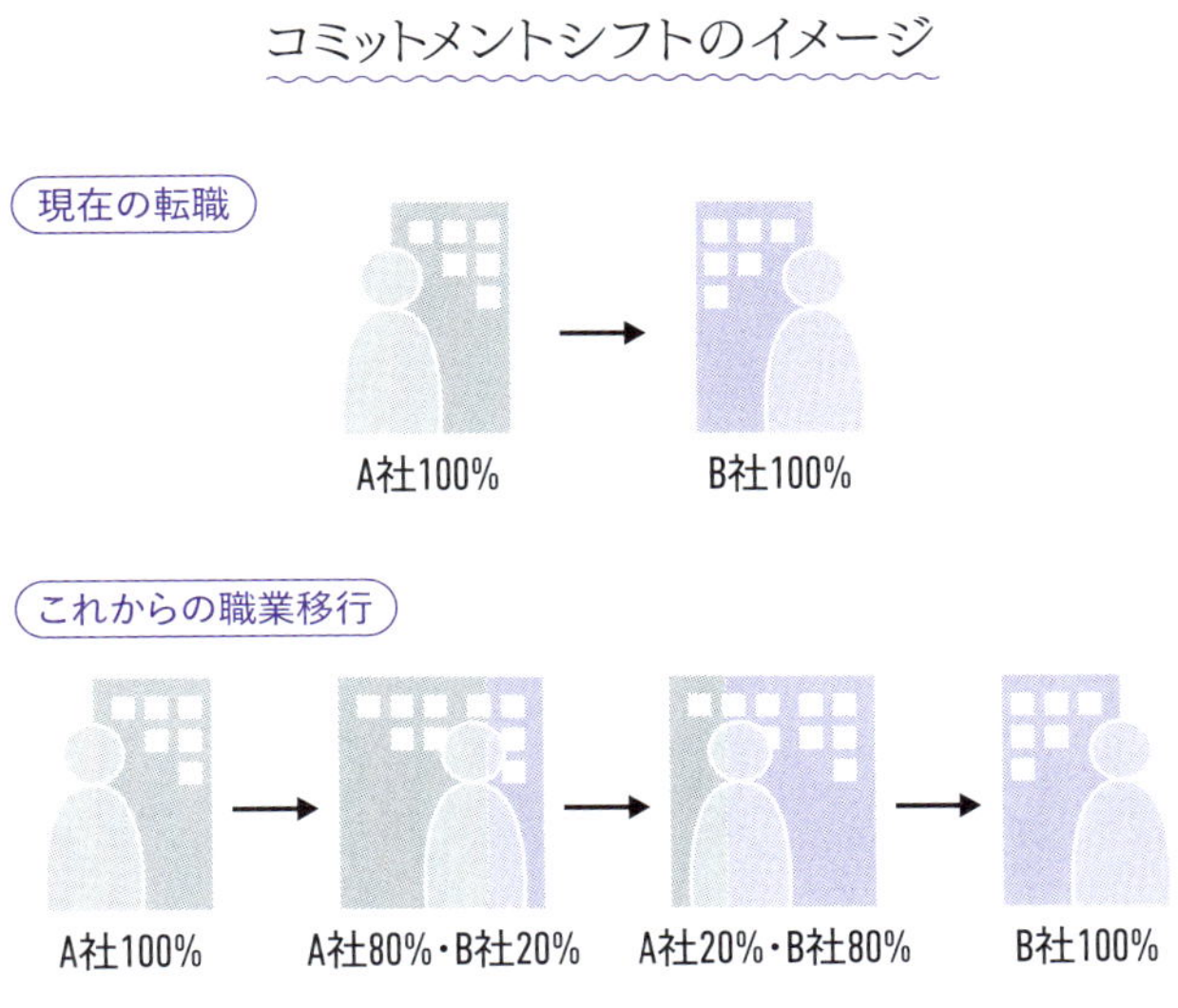

図表43　これからの職業移行形態「コミットメントシフト」のイメージ（図下のキャリアチェンジ形態）

コミットメントシフトの知られざるメリット

まず、その数です。コミットメントシフトを経てキャリアチェンジした人の転職者全体に占める割合を確認すると、2023年の若手（25〜39歳の就業者）で3・3%[3]でした。まだまだ、多数の人が行っているキャリア戦略ではありませんが、2018年には2・8%でしたから、その数は徐々に増加しています。

そして、その効果はすでに顕著に現れています。コミットメントシフトを経てキャリアチェンジした人と、経ずに転職した人（通常の転職者）の転職後の状況を比較してみます。

まず、転職後の現在行っている仕事の性質を比較しました。通常の転職をした場合は、新卒での就職同様、入社前の想像と異なることもあり、「こんなはずじゃなかった」と感じている方の声も聞きます。一方、コミットメントシフトした場合は、すでに転職前の段階から社外でも様々な仕事をしており（ともすると転職後の仕事そのもので働いており）、リアリティショックのリスクが減少するとともに、働きやすく意義を感じやすい仕事に従事する可能性が高まっているのでは、と考えることができます。実際はどうでしょうか。

分析結果が図表44[4]です。

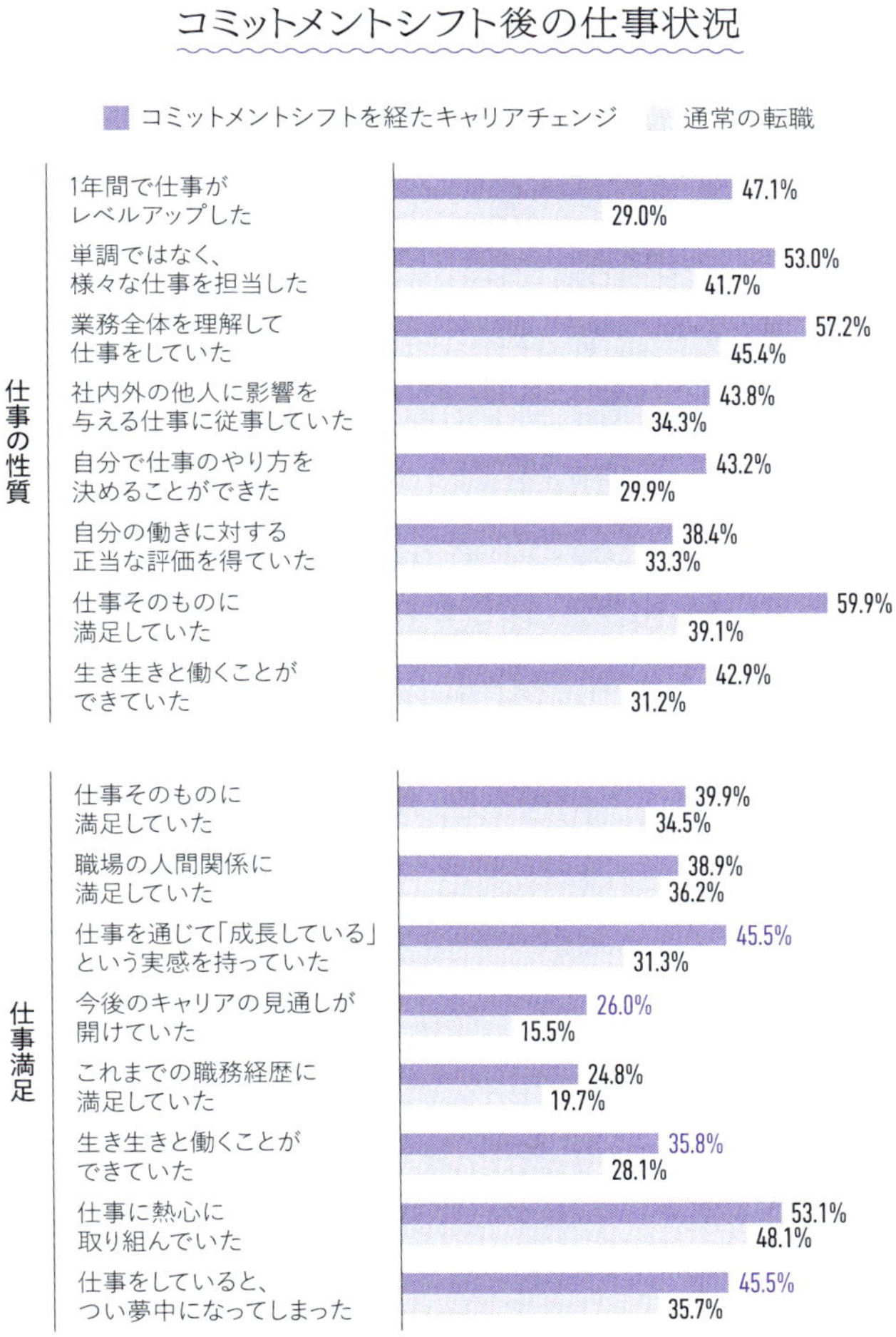

図表44 現在の仕事の状況 「あてはまる」人の割合

「1年間で仕事がレベルアップした」人の割合については、コミットメントシフトが47・1％、通常の転職が29・0％と、コミットメントシフトのほうが高いです。転職の前に一段階設けることで、転職直後からスムーズに仕事に打ち込むことができ、これが早い段階でのレベルアップにつながっているのかもしれません。

他の全ての項目でも、コミットメントシフトによるキャリアチェンジをした人が良好な結果となっています。「他人に影響を与える仕事か」「仕事のやり方を決められるか」の結果の差などからも、**〝有意味感〟のある仕事**に入職できていることがわかります。これも、コミットメントシフトによって、自分の行動により能動的にキャリアを選択した、という感覚が高まった結果、仕事の意味づけが高いレベルとなっていることを示唆するものでしょう。想定されたとおり、キャリアチェンジ後の仕事への理解が深まり、精度を上げげた状態で入職できることを表しています。

また、仕事への満足感も高い様子です（「仕事そのものに満足していた」人の割合はコミットメントシフトが59・9％、通常の転職が39・1％）。なお、仕事満足感の転職前後の変化でも、コミットメントシフトが42・9％→59・9％（1・40倍）、通常の転職が29・9％→39・1％（1・31倍）となっており、コミットメントシフトのほうが高い結果となっていました。

コミットメントシフトによって、次の仕事に対して単純な〝**前職との比較**〟**だけではない広い視野**が備わっていることで、転職後の仕事への納得感やモチベーションにつながっている可能性があると言えるでしょう。

他の項目の変化についても、同一回答者について現在の回答と過去の回答を比較したところ、コミットメントシフトした人のほうがほぼ全ての項目でポジティブな変化が大きかったことがわかっています（さらに知りたい方は注釈[5]のレポートをご覧ください）。つまり、コミットメントシフトをした人は、「①現在、仕事の内容や取り組む姿勢が豊かなものとなって」おり、またコミットメントシフトにより「②良い変化が得られた」可能性が高まっていると言えます。

最後に、年収の変化についても調べています。図表45[6]に整理したとおり、転職を挟んだ年収増加率（ここでは２０２１年時点と比較）について、コミットメントシフトを経た人の上昇率が高く（11・４％）、通常の転職者の上昇率（１・３％）を上回っています。

コミットメントシフトによるキャリア戦略の意義は、行った人の実感値だけでなく、このように統計からも明らかになってきているのです。さらに、具体例を図表46に示しました。

転職して新しい同僚に「はじめまして」。履歴書の経歴の年月が「前職を退職した翌月に入職」できれいに並ぶ。

「当たり前」のこの光景に違和感を覚える日は、それほど遠くないのかもしれません。

コミットメントシフトと年収変化

	コミットメントシフトを経たキャリアチェンジ	通常の転職
2021年年収	374.4万円	341.3万円
2023年年収	417.1万円	345.7万円
年収増加率	11.4%	1.3%

図表45　年収の変化（年収は本業のみ）

コミットメントシフトの実例

	原職	移行の形態	
A	大手メーカーのコーポレート職	現在の雇用契約を維持しながら、医療系スタートアップにおいて業務委託契約を結んで原職勤務終了後や休日に従事。雰囲気などが気に入り、原職を退職して雇用契約を結ぶ。	正規社員（原職） ↓ 正規社員×業務委託 ↓ 正規社員（次職）
B	証券会社の営業職	原職の仕事と並行して、アプリ開発を行っている会社に興味を持ちボランティアでプロジェクト参加。その後、フルコミットのコアメンバーに。	正規社員（原職） ↓ 正規社員×ボランティア ↓ 正規社員（次職）
C	ゲーム開発企業の事業部長	知人数名と創業し事業展開を進めつつ、原職の企業においても雇用契約を委託契約に切り替え週3日程度で勤務。	正規社員（原職） ↓ 業務委託（原職）×起業準備
D	IT・サービス企業の営業職	友人のスタートアップ企業を土日、平日夜に手伝う。当該スタートアップ企業が大きくなってきたため、役員（Co-founder）としてジョインし、そのタイミングで原職企業に対して副業申請を行う。	正規社員（原職） ↓ 正規社員×ボランティア ↓ 正規社員×会社役員
E	IT系コンサルティング企業のコンサルタント	偶然知ったWEBメディアのベンチャーに、"0.2人月"のコミットをすることで合意して参加。自身のビジネスの展開も同時並行で行い、結果として起業して原職を退職。起業後も当該ベンチャーの仕事に関わる。	正規社員（原職） ↓ 正規社員×アルバイト ↓ 自営業（次職）×アルバイト
F	メガベンチャーの海外事業部長	知り合いが関わっているスタートアップ企業に業務委託で参加。その後、原職を辞職。	正規社員（原職） ↓ 正規社員×業務委託 ↓ 業務委託（次職）

図表46 コミットメントシフトの具体例

外を見るほど、自社が好きになる

さて、個人のコミットメントシフトによるキャリア戦略が可能となることで、その人が今いる会社側にもメリットがあります。**社外での活動を行っている人のほうが自社のことが好き**、という関係があることが若手社会人への調査からわかっているからです。

例えば、「社外の人たちとの勉強会の主催」を経験したことがある人は、今所属している会社への10点満点中の評価点は6・8点。経験していない人は5・4点に留まりますから、かなり高い点数となっていることがわかります。「社外の人たちとの勉強会への参加」だけでも6・2点となっており、これを経験していない人と比較すると、自社への評価が高くなっていることがわかります。同様に、「収入を伴う副業・兼業」「プロボノ活動」「学び直し」「ボランティア活動」といった社外での活動の経験がある人ほど、自社への評価が高いことがわかっているのです（図表47）。

社外での活動を経験している若手社会人のほうが自社のことが好きなわけですから、コミットメントシフトは単に個人のキャリアを豊かにするだけではなく、組織側にとっても若手の自社への認識を深める機会になっている可能性が高いと言えます。

私も若手社会人が集まって学ぶ場でお話をすることがたくさんありますが、終わった後に「自分の会社で当たり前だと思っている文化や制度に、他の参加者から興味を持たれることが多く、驚きました」といった感想が見られることが多々あります。外に出てみて初めて自分が今いる環境の良さがわかる、比べてみて初めて良さがわかるということでしょう。逆に言えば、一つの会社にいるだけではその会社の良さを深く理解することは難しいのです。これは会社に対してだけでなく、何かものを買

外を見た人のほうが自社が好き

	経験した	経験していない
社外の人たちとの勉強会の主催	6.8点	5.4点
社外の人たちとの勉強会への参加	6.2点	5.4点
収入を伴う副業・兼業	5.8点	5.4点
プロボノ活動（無報酬の副業・兼業）	6.4点	5.5点
学び直し	6.5点	5.5点
ボランティア活動	6.0点	5.4点

図表47　社外での活動の有無と現職への評価点（10点満点）

う際にしろ、旅行をする際にしろ、同じように言えることでしょう。**外を知っているから辞めるのではなく、外を知らないから辞めるのです。**外の環境と接した経験があることが、在職の理由を増やし深くしていく。このことは、今後の企業の組織戦略にとっても重要なポイントです。

以上のことをふまえて、通常の転職とコミットメントシフトの違いを図表48に整理しています。コミットメントシフトでは原職（キャリアチェンジ前の仕事）との関係を

通常の転職とコミットメントシフトの違い

	通常の「転職」	コミットメント・シフト
契約形態	雇用契約ベース	雇用・業務委託等、多様な形態の組み合わせ
原職との関係	退職	継続的
次職フル参加時の扱い	ニューカマー	仲間の本格参加
次職ミスマッチの際の行動	再転職	原職復帰（原職コミットメントの再増加）
次職を決める際の重要ポイント	可視の要素（年収、企業規模、業職種）	不可視の要素（環境、人間関係、日々の仕事）

図表48　通常の転職とコミットメントシフトの特徴の相違

継続的なものとできますし（もちろん、あえて断ち切ってもよいです）、コミットメントを移した先と相性が悪ければ原職へのコミットメントを再び増加させれば良いのです。そして原職へ戻ってきた際には、別の環境と比べた結果として原職の環境への目線が全く違うものになっていることが期待できることもわかっていましたね。

また、「退職を考えています」と突然転職先が決まった状態で上司に言ってくる**若手社会人に対して「コミットメントシフトしてみたら?」（＝退職する前にパラレルにその仕事を試してみたら?）という提案ができれば、**もしかすると半分は引き留められるかもしれません。

若手のみなさんにとっても、メリットのある提案になるはずです。次の会社での就業経験がない転職では、就活の際と同じリアリティショックを受ける危険性が一定程度あります。そのリスクを回避できる確率を高めるためにも、コミットメントシフトが極めて有効な手段になるのです。「隣の芝は青い」で辞めてしまうのではなく、現代の企業社会では、隣の芝に少し立ち入ることが可能なのですから。

ライフスパン・コミットメント

近年では、内定辞退者に一定年数以内（3年以内など）の期間であれば入社を保証する制度や、退職から一定期間であれば〝出戻り〟を柔軟に認める会社も出ています。その会社でのアルバイト経験者のコミュニティを作ったり、その会社で副業・兼業をしたことがある人も忘年会などの社内イベントに招待したり……といった形で、ハイパーメンバーシップ型で企業のコミュニティを作り直そうという動きが加速しています。今後も、構造的な人材不足を背景に関係人材のコミュニティを作る動きは加速していくでしょう。

コミットメントシフトを前提にした組織戦略について、私が所属するリクルートワークス研究所で議論をしていた際、同僚の研究員の筒井健太郎が提唱していたのが**「ライフスパンコミットメント」**という概念です。日本語にすれば、**「人生を通じたその組織への共感度合い」**というところでしょうか。ハイパーメンバーシップ型組織が増えるなか、コミットメントは現在だけの一過性のものではなくなりました。いま感じているコミットメントは日々変わっていきますし、さらにはもし退職したとしてもその組織への共感度合いは高い人もいれば低い人もいます。ここに注目するのです。

この退職後のコミットメントの高低は、中核人材が人材力の全てだった2020年頃までの企業であればほとんど気にする必要はなかったのですが、関係人材の大切さが顕在化していくなか重要性が増しています。退職後も戻ってきたり、何割かコミットしたりする選択肢があるわけですから。

このように、退職・在職を問わず、その組織に対して現在そして未来において、どの程度共感し愛着があるかを示すのが「ライフスパンコミットメント」です。ハイパーメンバーシップ型組織におけるKPI（目標の達成度合いの指標）の一つは、このライフスパンコミットメントを最大化することとなるでしょう。退職か在職かの二項対立ではなく、活躍してほしい人材の自社に対するコミットメントを、その人のライフキャリア全体の視点で最大化するのです。そのために、企業は以下のような発想で人材戦略を取ることの有効性が高まります。

いま現在、育児や介護といったライフイベントがある（その瞬間の会社の仕事への優先順位は低い）社員に対して支援をすることで、その後のコミットメントの総量が飛躍的に高まる

新入社員の時代から会社として目を掛けてきた優秀な若手が退職を決めてしまったが、むしろ〝恩を感じて〟ライフスパンコミットメントが高まる効果が見られた

関係人材を作るために、戦略的に副業・兼業人材や中長期のインターンシップ受け入れを実施する

このような発想は、再び個人側にも影響すると考えられます。自分が持っているいろいろな会社への**ライフスパンコミットメントの合計には特に上限はありません**から、その合計値が大きくなればなるほど、人的ネットワークによる偶発性にしろ知見の〝掛け算〟にしろ、起こりやすくなります。すると、個人のキャリア戦略や行動にも影響してくるでしょう。例えば、退職時のコミュニケーションは丁寧に行ったほうが得ですし、在職しているかどうかという一面的な関係を超えた長いお付き合いを想像しながらその会社から何が得られるかを判断することになります。

ライフスパンコミットメントは、**一過性ではない、これからの職業社会における人と組織の持続可能な関係性を把握するための判断軸**なのです。

組織と対話する

人と組織の関係が変わっていくなかで、あなたが取り得るキャリア戦略を、さらに考えていきます。

重要になるポイントの一つが、「組織と対話する」という視点です。前提として、ゆるい職場の時代では、単に職場で我慢をして機会を待っていても、過去の社会人と比べた相対的な成長速度はどうしても見劣りしてしまいます。土日なく深夜まで職場で働いていた過去の若手社会人とは、どうしても投入する時間の面で大きな差がつきます。職場で単に我慢していても、一定の専門性を獲得するための〝最低必要努力量〟や〝1万時間〟を獲得するためにかかる時間がとても長くなってしまうか、そもそも達成できなくなる。すると、自身のライフキャリアの「選択」タイミングに間に合わない可能性が高くなってしまいます。

つまり、職場で機会を待って単に我慢していることの価値が低下してしまったのですから、我慢しない、ということが基本戦略になります。**組織との関係で「我慢をしない」とは、何を意味するでしょうか。私は「対話」だと考えています**。「組織をどう自身のライフキャリアに活かすか」の発想で対話を繰り返し、使える制度や施策を探索し、時には自分の意見を伝え、まわりの考えを知り、そしてルールや環境自体をより自分に合ったものとしていく。組織との対話を通じて、自分のキャリアにとって良い環境を徐々に作っていくのです。

次の異動先を考えるために、自分の上司になる可能性がある方々と意見交換をしてまわってます。12〜13人の方々と話をして、「上司にするならこの人だな」という人を何人か見つけましたので、「その人の下で働けたらこんな活躍ができるかも」、と人事には伝えています

将来こんな仕事ができるようになりたいんです、ということを会社のいろいろな人に伝えています。すると、様々な方からお誘いがある。希望する仕事に関係しそうな研修や社内の勉強会、飲み会……こんなにいろいろな機会があったんだと。知り合った方の紹介で、社内副業も始めました

簡単なルーチンワークを割り当てられて、これは自分がやる必要あるのかと思いながらこなしていました。ある日、組織内で噂のぶっとんだ先輩が偶然うちの職場に来ていた。帰ろうとしていたので全力で追いかけてエレベーターに一緒に乗り、10数秒、あなたの下で働きたいです、ということを全力で語りました。何も音沙汰がなかったんですが、1年ちょっと後にその人のもとへの辞令が出て嬉しさと驚きで「えっ」と声が出てしまった

実際に、組織との対話によって単なる我慢ではないキャリア戦略が可能になってきているのは、組織側が多くのキャリアを支える制度を導入し始めていることが背景にあります。「自社に導入されている制度を知っているでしょうか?」若手社会人のキャリア研修の場で私がこの話をすると、みなさん一様に、

そう言われてみると、あんまり知らなかったし興味もなかった

調べてみると、びっくりするような、面白くて今の自分が使えそうな制度があった

こういったリアクションがあります。
組織の視点からも、若手が我慢しているだけでは、豊かなキャリアを作り自社の中心的戦力となるための十分な機会はないわけで、若手に我慢させないことは今後の若手育成における命題となっていくでしょう。「対話」は面倒（最近の若手はなんでも自分の思うことを言ってくるから大変だ、というマネジャーの方と話したことがありますが、私からは「なんでも言ってくれるということは、コミュニケーションができているということですし、育成の基盤ができている理想の状態ということですよ」と申し上げます）ですが、忖度し合ってすれ違う職場よりはかなりマシだということは、若手のみなさんも上司のみなさんも納得いただけるはずです。

「なぜ、今の会社を辞めないのか」

こうしたキャリア戦略を取っていくために、押さえる必要があるのが「選択的在職」です。

突然ですが、あなたはなぜ、今いる会社を辞めないのですか？

ギョッとした方もいると思います。それは、この「在職の理由」自体が聞かれることがほとんどない質問だからです。しかし全く変な質問ではありませんよね？　それなのに、しっかり考えたことはなかった、という方が年代を問わず多いのです。これには理由があり、**転職は〝選択〟だが、転職しないことは〝選択ではない〟**ためです。組織を退職し転職する際には、その理由を転職の前後を問わず尋ねられる（転職経験のある方ならば、「なぜ転職したんですか？」と聞かれた経験があるでしょう。それこそ何十回と聞かれる質問です）ように、転職には明確な理由がありますが、在職し続けることにはキャリア選択は必要ありませんから、特に理由を聞かれることもありません。選択の時代である現代においても、在職はキャリア選択ではないのです。

私は、この性質、つまり**在職がキャリア選択ではないことが、現代のライフキャリア形成に大きな脆弱性を生んでいる**と考えます。人は理由を考えるプロセスを通じて、動機や意味、優先順位を発見していきます。「なぜその会社にいるのか」という理由を考えるプロセスがなければ、組織から得たいものは明確にならず、組織との対話の動機も得られず、乏しくなる機会をただ待っていることが最適解のように感じられてしまいます。多様化する転職の理由と同様に、在職の理由も多様化しています。なぜその会社から転職しないのか、これを考えることで、転職しないことを選択するのです。現代のキャリア形成におけるこの考え方が「**選択的在職**」です。

ちなみに選択的在職の対極にあるのが、ノーアクション退職です。組織との関わりを見出そうとする在職が選択的在職、組織との関わりを見出そうとしないのが非選択的在職。一方で、退職・転職にも同様に、組織との関わりを見出そうとしたけど退職したという「アクションあり退職」と、そうではない「**ノーアクション退職**」があ

在職／退職における会社との関係

	組織との関わりなし	組織との関わりあり
在職	非選択的在職	選択的在職
退職	ノーアクション退職	アクションあり退職

図表49　現代のキャリア形成における組織との関係

ります。その違いは、退職の前に、こんな仕事をしたい、こんな制度を使って何かを始めてみたい、といった組織との対話を行ったかどうか、ということです。

組織との関わりを見出そうとしなかったノーアクション退職では、せっかくの選択の機会も「単に転職した」というだけになってしまい、組織との関係性は深まらずライフスパンコミットメントも増えない、**とてももったいないキャリア選択**になっています。

ライフスパンコミットメントを増やすためには、組織との関わりを見出す必要があり、それは在職・退職にかかわらず大切さを増しているのです。

辞めない理由の稀少性

この在職の理由は、幅も広く、深さも様々です。ぜひこの機会に考えてみてください。

「残業が少ないわりに給料が良いから」
「リモートワークできるから」

「有名な会社で自慢できるから」

「一緒に働く人が素敵だから」

「仕事とプライベートを両立しやすいから」

「今やっている仕事でアドレナリンが大量に出る瞬間があるから」

「自分のライフキャリアにとってこの会社での経験があると面白そうだから」

「社内にロールモデルがいるから」……。


ちなみに、**辞めない理由**にはいくつかのカテゴリーがあると考えています。ポイントとなるのは、**「可視の要素」**と**「不可視の要素」**、そして**「待っていても得られるか」**と**「獲得しに行く必要があるか」**です。

待っていても得られる理由は、その会社の社員となればほとんどの人がすぐに手に入れられるものです。獲得する必要がある理由は、全員が手に入れられるわけではなく、それを得るために何かしらのアクションが必要となるものです。

また可視の要素は、例えば採用ページや社員インタビューなどの記載内容から入社前に明確に把握することができるものです。不可視の要素は、その会社で実際に働いてみないと把握することが難しいものです。

この二つの軸の組み合わせで、辞めない理由は四つに分類されます（図表50）。

例えば、左上の**「待っていても得られる」**×**「可視の要素」**の理由には、給与水準などの待遇、福利厚生や企業の大きさや知名度、いわゆる〝就職偏差値〟の高さ、そして残業時間や有休の取りやすさといった労働環境などがあります。

こういった理由は、その会社のメンバーになれば誰しも獲得できる可能性が高く、またメンバーにな

辞めない理由とその稀少性

	待っていても得られる	獲得する必要がある
可視の要素	待遇、福利厚生、企業規模・知名度、就職偏差値の高さ、リモートワーク、労働環境	昇進機会、昇給機会、表彰制度、特定のポスト、キャリアパス、仕事の大きさ
不可視の要素	一緒に働く人の魅力、仕事の内容、OJT・Off-JT、組織文化、心理的安全性、キャリア安全性	ロールモデルの存在、経験・機会、有志のコミュニティ、ライフへのスピルオーバー

図表50 辞めない理由の類型と例

る前から把握できる蓋然性も高いです（残業時間の平均値などが公開されるようになっているためです。ね）。

右上には「**獲得する必要がある**」×「**可視の要素**」の理由があります。昇進するとできる仕事に魅力があったり、給与はこの程度上がって、こんな仕事ができるポストもあるし、たくさんの人と関われる大きな仕事ができるかもしれない。こうした理由は、入社前から採用サイトや就活中にその会社の社員と話す機会などで把握できることですが、その会社のメンバーになれば誰しも獲得できるわけではありません。もちろんそれを期待することは誰にでもできますが、それを体感し心から感じることができるためには、待っているだけでは得られない理由だということです。

左下には「**待っていても得られる**」×「**不可視の要素**」の理由があります。入社すれば誰しもが感じられる可能性が高いですが、働いてみないとわからない理由です。先輩や同僚が良いんですよ、といった理由から、仕事自体の楽しさ・魅力、教育訓練機会、そして組織の文化や職場のキャラクターなどが挙げられます。

最後に右下に「**獲得する必要がある**」×「**不可視の要素**」があります。働いてみないとわからず、待っているだけでは得られない理由たちです。社内に自身のロールモデルとなる人がいるから、こんな経験や成長の機会があるから、プライベートを豊かにできる会社だから。ここでも様々な理由を発見することができます。

このように「辞めない理由」の分類を行ったのは、その理由を言える〝稀少性〟に差があるからです。可視の要素と不可視の要素であれば、不可視の要素のほうが稀少性は高いです。可視の要素は「ググれば誰でもわかる」のですから当たり前ですね。また、待っていても得られる理由と獲得する必要がある理由では、これは当然後者のほうが稀少性は高いです。入社すれば全員がある程度は感じられる理由よりも、自身が動くことで初めて体感できる理由のほうが、実感できる難度が高いためです。

稀少性が高い辞めない理由を持てたことは、すなわち自身のキャリアにおいて、かけがえのない場を持つことができたことを意味します。それは、その職場をメインにキャリアを作っていく際にももちろん価値を発揮しますし、その職場から少し離れてみてもライフスパンコミットメントを高め、キャリアの相乗効果を発揮する可能性も高められます。いずれにせよそういった、〝故郷のようなかけがえのない場〟をキャリアにおいて持てたことが、あなたのライフキャリアを豊かにしてくれるのです。

実際に、可視の要素と不可視の要素では、**不可視の要素を重視してその会社に就職したという若手のほうが、その後のキャリア満足感などが高い**という結果が、私が企業と共同で実施した研究からも出ています。

稀少性の高い、あなたならではの辞めない理由はありますか？　この質問への回答を言葉にし、〝レアな〟理由を探していくことが、組織との新しい関係を考えるうえで大切な一歩になるのです。

「新しい安定」を実現する働きかたのデザイン

Chapter

10

新たな環境を活かす

最終章となる10章では、ここまでの内容を振り返って、寄らば大樹の陰の「古い安定」ではなく、自分に経験・スキル・専門性を身につけてどんな環境でも豊かなキャリアを作ることができる「新しい安定」を実現していくためのキャリアデザインを提示します。

キーワードは、**「新たな環境を活かす」**です。

日本には、2015年以降、「ゆるい職場」と「選択の時代」という二つの大きな環境変化が起こりました。この二つの変化は前者が直接的には法改正によるもの、後者は日本経済や企業社会の変化によるものですから、元に戻らない不可逆な変化である可能性がとても高いです。すると、現代のキャリア戦略の主眼は、この新しく生まれた環境をどのように活かすのか、となります。そこにキャリア形成普遍の原理である最低必要努力量=稀少性を高めるための投資の原則を組み合わせれば、「新しい環境を活かして、どのように最低必要努力量を獲得するのか」ということになるでしょう。これが現代におけるキャリアデザインの中核となる命題です。**元に戻らない環境変化を、絶対に必要な1万時間にどう活かすか**なのです。

そして、活かし方の大きな方針は、本書での提案をふまえれば以下の四つです。

❶小さく、始める：スモールステップ論
❷同時多発的につくる：キャリア・キャンペーン論
❸意味づける：センシング
❹ずらしてつくる：コミットメントシフト

この四つの要素で、「寄り道と近道の働きかたのデザイン」をつくります。

2回目のイノベーション

本書の冒頭で、日本企業がこれまで行ってきた「ズブの素人を一人前に仕立てる」育成戦略が、日本企業の100年をつくった大きなイノベーションであると指摘しました。

ただ、ゆるい職場が広がるなかで、そのイノベーションは歴史的使命を終えつつあります。では、人材育成における2回目のイノベーションは誰が起こすのでしょうか。

1回目のイノベーションを起こしたのは、20世紀初頭、当時の銀行や保険会社といった企業たちでした。そこでは、たくさんの前例のない取り組み（「新卒一括採用」「大卒採用」「初任研修」「寮での共同生活」「昼はＯＪＴ・夜はＯｆｆ‐ＪＴ」……）が手探りで実施されていました。実際に、生命保険会社が１００年以上前に実施した日本初の大卒一括採用は、1年半以内で採用した5名が全員退職するという、「早期離職率１００％」の惨憺たる結果だったのです。しかし、そうした数多くの失敗を糧に、その後１００年以上も機能する人材育成戦略が成立しました。その戦略は一時的ではありますが、世界一のものだとされたことさえあったのです。

今、これまでの育成戦略の効果が乏しくなり、2回目のイノベーションが求められています。1回目は企業が起こしました。企業が人材育成の主体だったのですから当然です。同様に考えれば、2回目は若い働き手の側が起こすことになるでしょう。幾人か、もしくは何百人・何千人によるものかはわかりませんが、ゆるい職場と選択の時代のなか自身でキャリアをデザインできるようになった、デザインせざるを得なくなったみなさんのなかから、2回目のイノベーションが起ころうとしています。

「寄り道」と「近道」でつくる働きかたのデザイン

ここからは、紹介してきた様々な研究結果や巨人たちの研究・理論をふまえ、選択とゆるい職場の時代の具体的なキャリアデザインを提案します。各論に関して、参考となるデータや実例などは各章で詳しく説明していますので、実際にデザインする際に考えるべきポイントに焦点を当てて紹介します。

私は、「寄り道と近道でつくる働きかたのデザイン」と呼んでいますが、これは、新たな環境下におけるキャリアデザインが、**本人の合理性を超えた機会を組み込むこと**（寄り道）**と、最低必要努力量の獲得を次の選択のタイミングまでに効果的に行う**（近道）**という二つのキーポイントを押さえること**に主眼を置くからです。

かつての大企業のような短期間のジョブローテーションや頻繁な担当替えといった「寄り道」のキャリアパスばかりでは、短くなった次の選択までの期間に、選択権を得るための努力投資が間に合いません。間に合わせるために「近道」が必要なのです。

しかし、個人の「やりたいこと」を達成するための〝自律〟に偏った「近道」ばかりのキャリアデザインでは、偶発性が担保できずに稀少性が高まらず、結果としてキャリアが安定しません。新しい安定にも「寄り道」が必要なのです。そこで登場するのが、寄り道ばかり、近道ばかり、ではない「寄り道と近道の働きかたのデザイン」です。

寄り道と近道に順番はありませんが、それはまず寄り道から考え始められるのかもしれません。

❶寄り道 小さく、始める：スモールステップ

第一には、スモールステップ、小さくつくり始めることです。キャリアを変えるような大きな経験の前段階として、スモールステップの頻度が上がっているという研究結果を紹介しました。目的はなくても／自律的でなくても成立し得るというスモールステップの性質に基づいて、寄り道になるかもしれないスモールステップを効果的に活かしている若手たちの取り組みから、次のプロセスを提案します。

❶―1　今の環境でできるアクションから

まず着手すべきは、今の環境でできる行動を具体化することです。この際に、ゼロから「自分ができそうなアクション」を考えるのではなく、いま所属している会社や組織の制度や取り組みを調べることで、「今の環境だからこそできる、今の環境だからこそハードルが下がっているアクション」を考えることが重要です。自社が持っている支援策や自分のまわりの人が行っている取り組みは、あなたのいま過ごしている環境に相対的な優位性があるポイントですから、小さく始めやすくなるためです。

❶―2　ゴールテープを張る

次にそのアクションを行っていくうえでの期限や達成の目安を設定する＝ゴールテープを張ります。スモールステップは簡単にできることだからこそ、「ずっといろいろやっています」といった終わりが見えない状態になりがちです。最初に「いつまでこのスモールステップを行ってみよう」「○回行おう」といった形でゴールテープを張って、いったんの完了地点を見えるようにしておくのです。

❶－3　代理指標を見つける

昨今のスポーツのトレーニングメソッドに、〝代理指標〟を設定して短期的な成果を確認するという手法があります。例えば野球において、球速とランニングスローの速度などいくつかの数値を代理指標として毎週計測して訓練の成果を可視化することで、効果的な訓練ができているか把握することが可能と言われています。野球というスポーツが上手くできているかという点の〝代理指標〟を計測しているのです。

キャリア形成においても同様です。「その取り組みに効果があるのか」を把握できなければ、それをする意味がわからず、モチベーションもなくなってしまいます。そこで、代理指標を置く、つまり自分がしている努力がどんな効果を生みつつあるのかをリアルタイムで体感できる指標を定めます。「悩みを相談できる友人・知人は何人いるか」「師匠となる人を見つけた」「読んだ本の冊数」「アウトプットしたｎｏｔｅの数」……。あなたのキャリア形成を豊かにする〝資本〟はなにか、併せて考えるのです。スモールステップと代理指標を組み合わせることで、日々の小さな行動の効果が実感できるとともに、思いも寄らなかったことが代理指標を伸ばしたことに気づくかもしれません。

❶−4 情報を遮断する

以上の三つのプロセスをするうえで、ゴールテープを切るまでの間は、関連する情報を遮断してしまうのも有効な手のようです。キャリア形成における行動と情報の関係は6章で触れましたが、行動のほうがキャリアの満足度等へのインパクトは大きいですから、行動を起こせている状況であれば情報はあまり必要ありません。今の環境を最大限活かし、代理指標が徐々に高まっていくプロセスを楽しんでいただきたいと思います。

情報に接して、まわりと比較したり相対的な視点でキャリア不安を解消していくのは、まずスモールステップが十分に行われてからなのです。

スモールステップについての補足

〝伝説の剣〟はない

「これさえ行えばなにものかになれる」というものを、私は〝伝説の剣〟と呼んでいます。RPGや漫画などでは、「これさえ（刺さっている岩などから）抜けたら伝説の勇者になれる」という剣がよく出てきます。主人公はこれをスパッと抜いて伝説の勇者になるわけですが[1]、現実のキャリア形成にそんなものはありません。こう言うと、「そりゃそうだ」と思われるかもしれませんが、現実世界でもこの勘違いはよく見られます。例として、

「バズれば全てがうまくいく」
「○○という仕事に転職さえできれば」
「○○の部署に異動さえできれば」
「一冊本を出しさえすれば」

などなどです。SNSではうまくいった人のかっこいい部分のほんのワンシーンだけが切り抜かれて発信されていますから、そう勘違いしてしまうのも無理からぬことかもしれません。しかし大切なのは、その背景にあるスモールステップの頻度に注目することです。

動機を見つけるために、体験から始める

人生の目標やWill、「やりたいこと」、熱意が持てること、こういったことがある

ことは素晴らしいことですが、それが「今はない」場合、探すことから始めてはいけません。そもそも熱意とパフォーマンスとの間には多様な関係が存在する可能性がありますし（8章）、動機は情報からではなく体験から見つかるからです。スモールステップにキャリア形成上の様々な効果が出ているのは、スモールステップをすることで動機を見つける可能性を高めるからなのではないか、と考えています。

❷ 近道　同時並行でつくる：キャリア・キャンペーン

7章にて、キャリアは複数のキャンペーンから同時につくられており、同時につくる人のほうが現代ではキャリア形成がうまくいく可能性が高いことを見ました。そこで、三つ目に行うステップは「同時並行でつくる（＝キャリア・キャンペーン）」ことでキャリアデザインに近道をつくることができます。

現代人のキャリアは全く異なる複数の〝キャンペーン〟によって成り立っていますが、どうしても一つの一貫したストーリーで描こうとしがちです。それは、そのほうが就職活動や転職活動の際に聞こえが良いような気がするからでしょう。

「なぜ自社を志望するのか」の源を辿る形の面接で、下手をすると小学校や中学校の頃の体験談まで、その理由として求められることがあります。しかし、**人生はそんなにシンプルな〝一筆書き〟ではありません。**偶発性によってライフキャリアが豊かになるとすれば、**一筆書きで描けないことが、あなたのライフキャリアにとって大切である**とも考えられないでしょうか。

つまり、その場その場の最適な選択や、その時の関心や気持ちに応じて、非合理につくられることを前提としてしまいましょう。無理に一本道で進まず、同時並行でつくること、これが「近道」を生み出します。

❷−1　キャンペーンを（再）発見する

あなたにどんなキャンペーンがあるか、あったかを考えます。

キャンペーンは「〝大事にしているもの〟が異なるライフキャリア上の一つの時空間」で、以下3要素を考えます。

- **時空間**（いつ始まって、いつ終わったか。それはどこか）
- **価値**（何が大事だったか）
- **自分のキャラクター**（どんな自分だったか）

例えば、現在社会人3年目の加藤さん（仮名）。「就職した会社で最初に1か月間の研修があり、その後、配属された最初の職場で仕事を開始して現在までその仕事を行ってきた。同じ頃に大学時代の友人たちが始めた読書会に参加するようになった。3年目の今年、職場では後輩が入りその指導役となる。さらに……」という経験があるとします。

この人の現在の経験は、もしかすると三つのキャンペーンに分けられるかもしれません。

キャンペーンA

時空間：研修後から現在。配属先
価値：成長機会の獲得とチームへの貢献
自分のキャラクター：かわいい（？）後輩

キャンペーンB

時空間：入社後半年ほどから現在。読書会への参加
価値：幅広い知識獲得と情報共有
自分のキャラクター：話しやすい勉強家

キャンペーンC

時空間：3年目の5月頃から現在。後輩指導
価値：後輩の相談に乗る、仕事を教えることで自身もさらに高い業務スキルを獲得する
自分のキャラクター：なんでも相談できる先輩

❷－2　方針を決める

そのうえで、キャンペーンごとの今後の方針を決めていきましょう。例えば、

Aの方針：流されるままに偶然を楽しむ
Bの方針：自分もみんなもより楽しめる空間にするためにどんどん声をあげる
Cの方針：後輩の声を聞くことに徹する

メリハリをつけて持続可能なキャリアをつくるために、このキャンペーンごとの方針が重要になります。全てで全力疾走は息が切れてしまいますからね。

なお、私はキャンペーンごとの方針は基本的に以下のどれかであると考えています。

- **戦略的短期我慢**（自分のライフキャリアにとって良い環境なので、流されるままに楽しむ）
- **Voice戦略**（より良い環境にするために、リスクを取って声をあげる）
- **デクレッシェンド戦略**（あまり得られるものがないために、徐々にコミットを減らす）
- **選択的撤退**（あまり得られるものがない環境なので、リスクを取ってでもコミットを減らす）

❷－3　自分にとってのホームとアウェイを定義する

以上を行うと、自身にとってのホームのフィールドとアウェイのフィールドが明確になります。「越境学習」の効果はホームとアウェイの往還によって成立します。ホームでの努力量の獲得が不足しているなと思ったのであれば、アウェイでの獲得量を増やすのも有効な近道です。また、本業の職場で別のキャンペーンを開始してもよいかもしれません（職場の何かのコミュニティに所属する、新しい業務を希望してみる、社内副業をする、などなど）。

自分にとってのアウェイのフィールドを生み出していく＝キャンペーンを開始することで、これまで選択肢にすら浮上しなかったキ

キャリアキャンペーンの方針の種類

	受動的	能動的
割合を維持・高めたい	戦略的短期我慢	Voice戦略
割合を下げたい	デクレッシェンド戦略	選択的撤退

図表51

ャリアデザインの打ち手が浮かび上がってきます。そしてそのアウェイが起点となって、ホームも変わっていくのです。

キャリア・キャンペーンについての補足

キャンペーンが増える／増やすことで、1万時間の獲得を早める＝「近道」をつくることにつながります。また、ここで重要なのは、キャリアデザインにおいて**「とあるキャンペーンの割合を下げる（努力量を減らす）」という戦略が肯定的な意味で存在する**ということです。増やす選択があるのですから、何かを減らす選択があるのは当然ですよね。時間は一日24時間しかないのですから。

しかし、単に一つのキャンペーンでの努力量を減らしただけでは、キャリア初期の目標が達成できなくなる（1万時間の獲得が遅れる）だけなので、この後に出てくるコミットメントシフトの考え方が必要になります。

❸近道　意味づける：センシング

よく、職種や仕事の内容について「つぶしがきく」と言いますが、これはどういうことでしょうか。転職しやすいとか、別の職場でも活躍しやすい、再現性がある、そういったことだと思います。では、「つぶしがきくか」は職種や仕事の内容（＝仕事の外形と呼びます）だけで完全に決まってしまうものでしょうか。

私は少し異なると考えます。「その仕事内容が誰の役に立ったか」「その職種で関係した人は誰か」「その仕事を通じて、自分はどんな価値を発揮したのか」。こうした、その仕事で得た経験が再現性があるかどうかを規定する要素は、**〝仕事の外形〟**以外に存在するからです。これを**〝仕事の内形〟**とここでは呼びます。

ただ、この内形は外形とは異なり、行動し経験していればただちに再現性があるとみなされるわけではありません。そこで必要になるのが「意味づけ（Sensing）」です。具体的には、自分が行った行動や仕事の内形を「意味づけ」ていくことです。

❸－1　意味づけパートナーを（勝手に）アサインする

自身の経験によるバイアスを俯瞰することはとても難しいですし、逆にとても再現性の高そうな経験なのに矮小化されて無意味なものだと考えられてしまっているケースもあります。より良い意味づけのためには、「意味づけパートナー」が大事です。誰しも自分のことよりも、他人のことのほうが客観視できるからです。他人から自身の行動の再現性を確認してもらうのです。

これは別に誰かに「意味づけを手伝ってくれ」「意味づけパートナーになってくれ」と言う必要はなく（もちろん趣旨を明確にして相談できるケースであれば、より良い意味づけができるでしょう）、自身の様々な経験を開示できる相手を見つける、ということです。

日本語には「**私淑**」という言葉があり、私はこの言葉が好きです。心の中で勝手に弟子入りする、勝手に師匠としてアサインする、という意味ですが、意味づけパートナーについても私淑は効果的ではないでしょうか。勝手にアサインしてしまうのです。

❸－2　岡目八目

さらに有用なのが、他の人にアドバイスした内容のなかから自分に活かせるものを拾うことです。

人は何事においても、自分に対してよりも他人に対してのほうが客観的で素敵な指摘をすることができます。それで私が若手社会人同士のキャリアデザインの場で行うのが、「他の人のこれまでのキャリアやこれからの見通し、不安要素を聞いて、それに対してアドバイスをする」という〝キャリアのロールプレイング〟と呼んでいるワークです。これを行うと、本当に素晴らしいアイデアがたくさん聞かれます。キャリア不安を話した人には、そのアイデアのなかから最も「自分がやるべきだ」と思ったアクションを発表してもらうのですが、そのやり取りは私も毎回楽しみです。

このワークで最も大きな気づきを得るのは、実はキャリア不安を話しアドバイスをもらった人ではありません。アドバイスをした人です。同世代の他の人のキャリア不安に対して「こんなことしてみたら」「うちの会社にはこんな支援がある」「それはこんなふうにつぶしがきく経験かも」とアドバイスをするなかで、アドバイスをした人はふと気が付くのです。「自分もこれをやってみると良いかも」「会社にこんな支援があったかも」「あの仕事は良い経験だったのかも」と。

「岡目八目」を活かすのです。自分の話をせずとも、同世代の他の人のライフキャリアについて話を聞くところにも、豊かな意味づけの機会が存在するのです。

センシングについての補足：現在によって過去を変える

ライフキャリアにおいて、過去は変えられませんが、変えられます。矛盾しているようですが、正確に言えば、〝過去に経験したことは変えられませんが、その意味は変えられます〟。過去の経験が今の自分から見てどんな意味を持つのか、は将来に向かってどんどん変えることができるものだからです。

社会人になって最初にいきなり地方配属で「ないわ」と思ったんですが、思い返すとあれがあったから、今いろいろなクライアントさんの力を引き出すビジネスができているんだなと

就職活動で苦労をして、同級生よりも決まるまで時間がかかったんです。でも、決まるまでにいろいろな業種を見られたからできた幅の広さみたいなものが、自分の強みなんじゃないかと最近感じてます

同時に重要なのは、意味づけがなされなければ、その経験はあなたのライフキャリア

において何の価値も生み出さないだろうことです。単に「地方に配属された」「就活で意中の内定が全然出なかった」では、転職活動でも面接官は何の関心も示しませんし、あなたのこれからのキャリアでの行動に再現性をもたらしてくれることもありません。

このように、過去の意味づけによって、過去を変える。これがあなたのキャリアに「近道」をもたらします。すでに行ったことがある経験によって必要な1万時間を〝上積み〟したり、獲得にドライブをかけられること、これが「近道」をつくるということです。現在によって過去を変えるのです。

❹寄り道　ずらしてつくる：コミットメントシフト

最後に大切なのがコミットメントシフトです。〝ずらしながら、つくる〟。現代のキャリアチェンジでうまくいっているケースでは、いきなり0が100になる、100が0になるのではなく、徐々にコミットメントを移しながらつくっている特徴がありました。

❹－1　気持ち・時間・お金のポートフォリオをつくる

❷でキャリア・キャンペーンを編み出したら、**それぞれのキャンペーンがあなたの気持ち**（ミッション）**・時間・お金**（収入）**に占める割合を書き出してみましょう**（図表52）。全体を100として、現在の気持ちに占める割合、時間に占める割合、収入に占める割合は必ずしも一致しないものです。例えばよくあるケースでは、本業の仕事は収入に占める割合は90％だが、時間に占める割合は80％、気持ちに占める割合は50％で、気持ちに

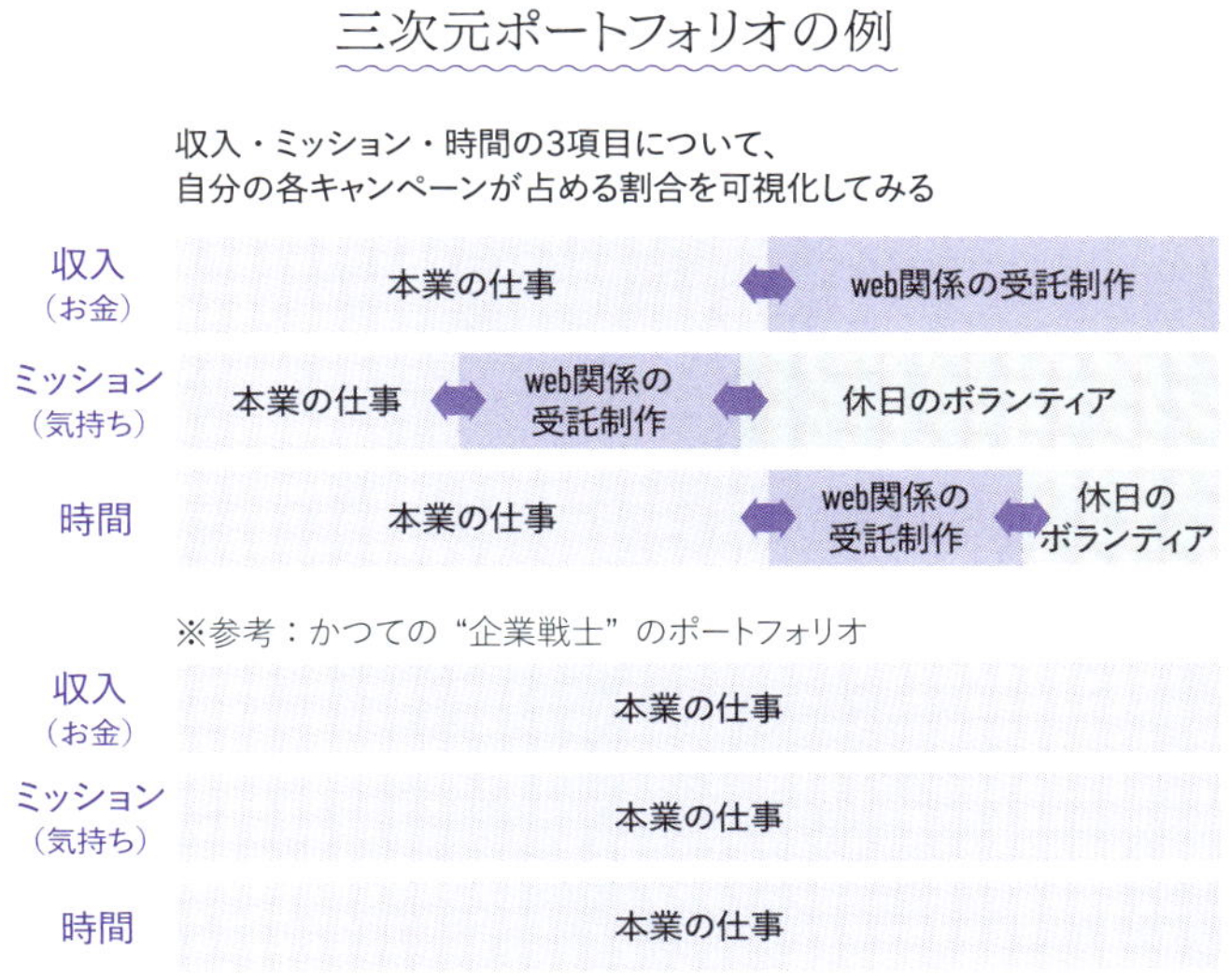

図表52　コミットメントシフトの三次元ポートフォリオ

占める割合の残り50％は学生時代からライフミッションとして実施している活動です、ということなどがあります。

まずは、気持ち（ミッション）・時間・お金（収入）が三つの次元に占める割合を、現在のキャンペーンごとに書きます。

❹－2　理想のポートフォリオをつくる

現在の三つの次元のポートフォリオを書いたうえで、今度は理想のポートフォリオを書きましょう。現在の状況が完全な理想であれば一致しますが、そうならない人が多いと思います。気持ちのかけ方、時間の使い方、収入の得方、この理想像を明確にし、今後の各キャンペーンに対する姿勢を明確にします。

そのうえで、理想への変化に向けて〝余白〟をつくります。どこかに余白がないと（特に時間の余白がないと）変化させることはできませんから、最も余白がつくれそうなキャンペーンを見つけます。

❹－3　余白にスモールステップを組み込む

余白ができたら、そこにスモールステップ（新たな「寄り道」）を組み込みます。こうしてまた❶に戻ります。

コミットメントシフトについての補足

コミットメントシフトの状況を可視化するために、ポートフォリオを描くのは、キャリア初期の目標となる1万時間をどこでつくるかを可視化する目的があります。〝伝説の剣〟はなく社会で相対的な専門性を確立するためには一定の機会が必要です。しかし、過去と決定的に異なるのは、それをどこで獲得するかを環境に応じて変えることができる、ということです。これまでだったら、ポートフォリオは三つの次元全てで「本業の職場」が１００％だったかもしれません。しかし現代の職業生活においては、そんなライフキャリアの状況にある人のほうが少数派ですし、脆弱性が高いこともわかっています。

理想の状況ではない、「未決定」「未確定」の今を楽しむ、この「寄り道」（コミットメントシフトの過程）こそが、現代におけるキャリアデザインの最後のカギなのです。

良い方向に変化しているか確認するチェックポイント

「寄り道と近道のキャリアデザイン」をし終えて、それがうまくできていればあなたに徐々に良い変化が起こっていくと思います。その変化の状況を確認するために、いくつかのチェックポイントも私から提案しておきます。

✓チェックポイント① 言い訳資本ができたか

現代のキャリアデザインのスタート地点にあるスモールステップについて、スモールステップのきっかけとして「言い訳」に注目しているとお話ししました（6章）。〝言い訳から始めてまず「探索者」となる。実施したスモールステップを意味づけて自分の言葉で表現できる目標を発見する（「近道」）とともに、キャリアを変える可能性がある選択肢を発見していく（「寄り道」）〟と整理しています。

新たな経験をする際には、実は様々な言い訳をしてそれを行っている人が多いことがわかっています。スモールステップなどの行動を後押ししてくれる言い訳を獲得するための〝**言い訳資本**〟は集まっているでしょうか。〝言い訳資本〟には例えば、次のようなものがあります。この数が増えているか、これが一つ目のチェックポイントです。

- □時に厳しいアドバイスをくれる師匠、尊敬する先輩（あの人に言われたならば、やろう）
- □所属する会社などの支援や制度に関する知識（今なら応援してもらえるから、やろう）
- □身のまわりの活動的な人の存在（あの人もやっているから、やろう）

✓チェックポイント② 共感と違和感

私が若手とキャリアデザインを考える際には、参加する若手相互のやり取りを重視していますが、相互の関係で最も重要だと考えるのが「**共感と違和感**」です。

「共感」はわかりやすいと思います。様々な経験や不安感などを共有し合うことで「めっちゃわかる」「同じ気持ちを持っている」といった感情が生まれることです。同世代と会話をした際には程度の差こそあれ、必ず生まれるものです。

ただ、共感だけでは新たな学びは生まれません。拡張的学習理論を提唱したエンゲストロームは、学びの発生条件に「矛盾」「内的矛盾」があるとしていますし、「古いものを部分的に破壊していく拒絶」とも言っています。[2] また、最近接領域理論を提唱したヴィゴツキーは、人間の高度な知的活動は「集団の社会的生活過程でのみ形成」されたとし、人と人との違いによる相互作用のなかで人は発達していくのだとしています。[3] こうした矛盾や相互作用から生まれる「違和感」こそが、新たな学びや気づきを生み出し、キャリアデザインにとっても重要だと考えます。

もちろん、「共感」がなければそもそも前提となるコミュニケーションが成立しません。しかし「共感」だけでは学びや気づきは得られない。このために、「共感と違和感」の両方が必要になります。

自分の思いや考えをコミュニケーションする際には、どうしても共感することに重きが置かれがちと感じますので、「他の人の話を聞いて、一番違和感のあった部分を大切にしてほしい」と私は伝えることが多いのです。その**違和感こそが、自身の強みや特徴、他の人との差異を表す**ものですから、違和感があった部分がキャリアデザインにおける重要なポイントとなる可能性が高いからです。

誰かのキャリアの話を聞いて、「違和感を言葉にできるかどうか」。これが二つ目のチェックポイントです。

✓チェックポイント③　不安や焦りを適度に感じたか

若手に限らず、多くの人が不安を感じているという話をしました（日本の社会人の2大不安は、調査によると経済不安と健康不安。20代に限定するとキャリア不安でした）。この不安や焦りといった感情とどう向き合うのか、という点について私は一つ発見をしています。それは、**若手社会人が不安を感じることは、実は全く悪いことではない**ということです。

「入社前の社会的経験」というキャリア形成のスタートラインを決める要素があります。高校や大学時代から、社会人と一緒に企画をしたり、ビジネス経験があったり、1か月以上のインターンシップ経験がある、といったものです。これが多い若手は、会社の仕事や自分のキャリアへの満足感が高く、成長実感も高い、ということがわかっています。[4]いわばハイパフォーマンス層で、入社後もたくさんの行動をしていますが、実はこの層の人たちは、不安を感じる可能性が高いこともわかっています（図表53）[5]。職場で高いパフォーマンスを発揮し、様々なアクションを起こしている若手ほど不安感が高い。それは、自分が行動を起こすことで見える範囲が広がり、自分の至らなさが認識されるからでしょう。よく言われる、ダニング・クルーガー効果（能力が低い人が自己を過大評価し、能力が高い人は自己を過小評価するという心理学上の学説）も背景にあるかもしれません。

しかし、こうも言えるのではないでしょうか。**「不安」をエネルギー源にしてキャリアデザインをしている、**と。チクセントミハイという心理学者が提唱する「フロー理論」というものがあります。**その人の能力と挑戦水準が高いレ**

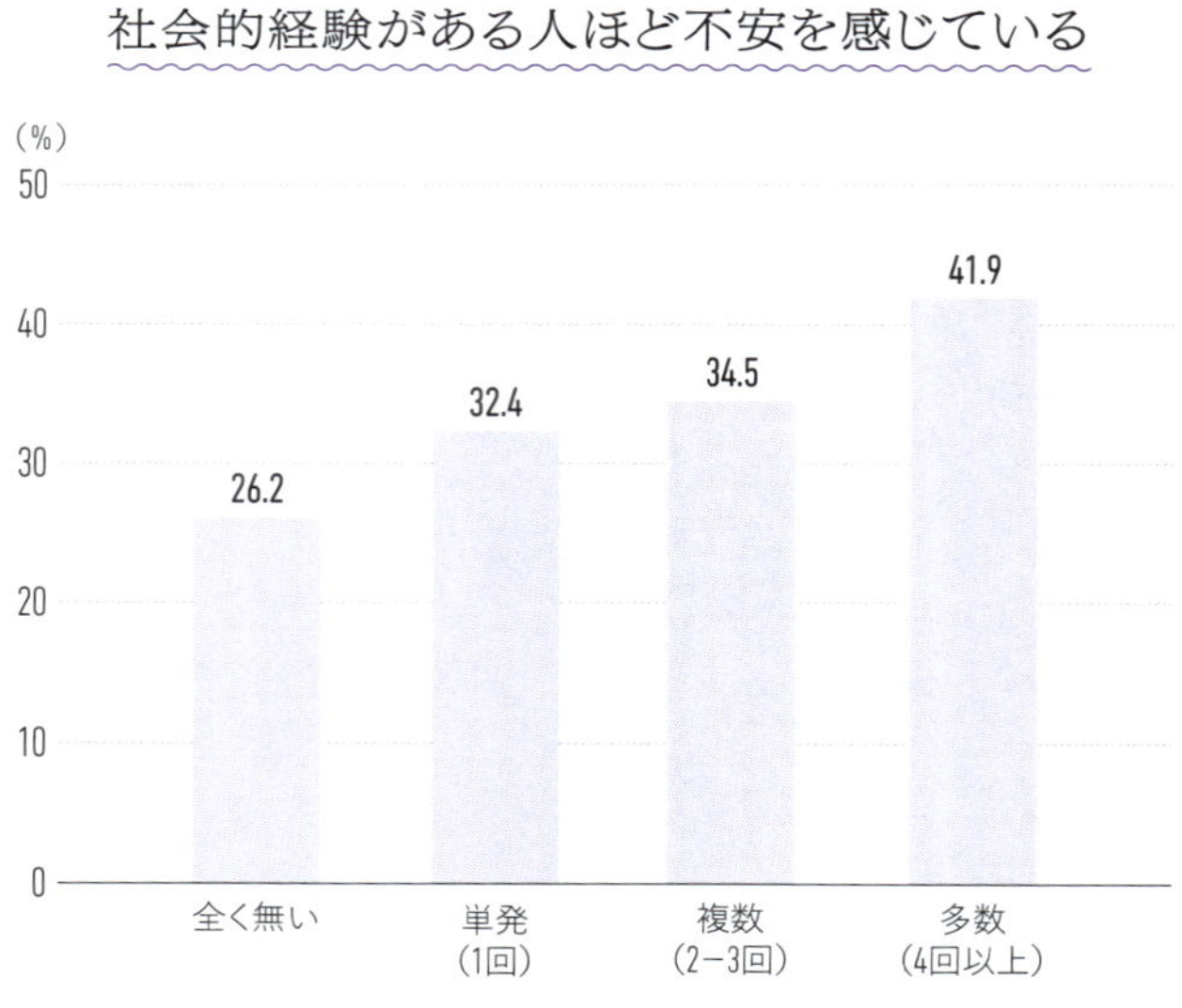

図表53　入社前の社会的経験別　「不安だ」と回答した割合

ベルで合致した時に「フロー」という最高の心理状況が訪れる、というものでスポーツでは「ゾーン」などと言われることもあります。このフローになる以前の心理状態について、チクセントミハイは大きく二つ指摘しており、それが**「退屈」**と**「不安」**です。「退屈」はその人の能力が高く、挑戦水準が低い状況で起こる心理です。逆に「不安」はその人の能力よりも挑戦水準が高い状況で起こる心理です（図表54[6]）。

私はこう考えます。「退屈」ではさらに高いレベルのフローに至る

フローを起こす「退屈」と「不安」

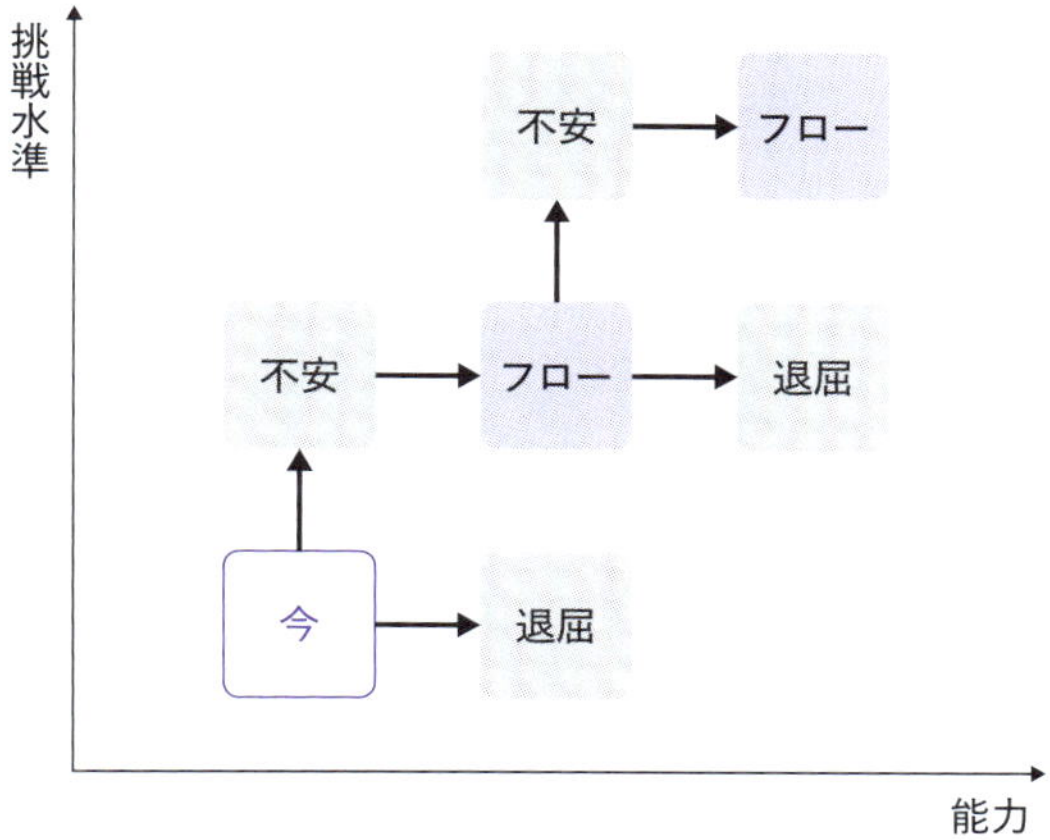

図表54　挑戦水準と能力

ために新たな機会を求めた挑戦が望まれますが、退屈の状態をただただ維持してもその人に損はないわけです。むしろ楽だということで、そこが到達点になってしまうかもしれません。他方で、「不安」は決して人にとって安住できる心理状態ではありません。自分に足りないものを新たに学んだり習得することで、能力と挑戦水準をフィットさせて不安を解消しようとします。現代の若手のハイパフォーマンス層に「不安」心理が強いことには、こうした背景があるのではないでしょうか。

最近、**自分の実力以上の場や不慣れな環境に臨むことで、「不安」心理を生み出せたか。**これが三つ目のチェックポイントです。

✓チェックポイント④　焦りを感じる対象

もう一点、現代において顕在化しやすい感情である「不安」や「焦り」についてお伝えしたいことがあります。ＳＮＳなどを見れば同期、同級生や同世代の活躍ぶりの情報がリアルタイムでいくらでも入ってきますから、それに対して「自分は何をしているんだ」「あいつはこんなにすごいことをしているのか……」と焦ったり、モヤモヤしたりという気持ちになることは誰しもあることです。

私が最近強く感じるのは、この「焦り」や「不安」（時として「妬ましさ」もあるかもしれませんね）といった気持ちを感じる対象は、自分と近い人に限られるということです。

例えば、20代のうちから大活躍している大谷翔平選手を見て、同年代のみなさんが焦ったでしょうか。２０１４年に17歳でノーベル平和賞を受賞したマララさんについて、同世代であるZ世代のみなさんのなかで焦ったりキャリア不安を感じたりする人はいたでしょうか。おそらく考えたこともなかったと思いますが、同世代の人なのだから、ありえる話のはずです。しかしそうならなかったのは、大谷選手やマララさんが自分からあまりに遠い人だからです。

「自分から遠い人からは、焦りやキャリア不安を感じない」

この原則を逆に考えれば、焦りを感じるのは、その人と自分が近いからです。何かあなたが努力をしてきて、焦りを感じる相手が変わってきている・増えてきていると感じたことはありませんか。その変化こそが、自分の段階が変化している証拠に他ならないのです。遠い人が近い人になったということは（対象となる人があなたに近づいてきていない限り）、それ以外に理由がないのですから。

焦りやキャリア不安を感じる範囲が変わった・増えてきたということは、実はポジティブな変化であると考えられるのではないでしょうか。

それは、これまで感じたこともなかったような痛みを伴いますが、それがMrs. GREEN APPLEの曲の歌詞にもあるように「メンタルも成長痛を起こす」[7]ということなのかもしれません。

つまり、四つ目のチェックポイントは「**焦りを感じる対象が変わってきたか**」です。

「選択×ゆるい職場」時代の働きかたのデザイン

私は、「焦らなくていい」「不安に思わなくていい」「変わらなくていい」というメッセージを、すでに焦らなくて良い社会的なポジションを獲得した方々が繰り返すことに少し違和感があります。むしろ様々なデータを分析すると、焦ったっていいじゃないか、とも思うのです。**年齢を重ねればいずれは必ず焦らなくなる**（不安要素は、年齢が上がると「キャリア不安」から「健康不安」に移行していきます）**のですから、その焦る気持ちこそ若さがもたら**

す特権なのではないかとも思います。あなたにも、自分より下の世代を見て「そんなに焦らなくても」と思う日はいずれ必ず来るのです。

　本書の内容をふまえ、「選択の回数が増える職業人生」と「ゆるい職場の登場」という新たな環境を活かした働きかたのデザインは、過去と比べてどうなるのでしょうか。

　図表55には従来の〝3ステージ人生〟かつ〝きつい職場〟時代に有効であった二つの代表的なキャリア戦略を取り上げました。

　一つは**〝石の上にも三年〟戦略**。本業の職場の仕事を粛々とこなしていくことで、確かにいずれは一本道で最低必要努力量を獲得することが可能でした。

　もう一つは、**〝モラトリアム最大化〟戦略**[8]。企業の都合で総合職を育てるために短期間で異動を繰り返し、社員が適性のある分野を探すために短いジョブローテーションで育成する。こうして、ある種、まわり道にまわり道を重ねてキャリアをつくっていくことも可能でした。

　石の上にも三年戦略は、10年以上前のように業務の質的負荷が高い職場であれば今でももちろん有効だと考えられますし、「今はこの環境で全力投球しよう」というキャリアデザインは現代でも可能なのは間違いありません（急速な成長過程にあるスタートアップ企業など）。ただ、質的負荷がかつてほど十分に獲得できない職場では、最低必要努力量の獲得に時間がかかり過ぎます。

また、モラトリアム最大化戦略は、ライフキャリアにおける選択のタイミングが遅い場合には自身の可能性の探求をじっくりできるため有効です。しかし、現代でまわり道や寄り道ばかりしていては、早期に訪れるキャリア選択を、選択権がない状態で行うことを強いられるでしょう。

「石の上にも三年」「モラトリアム最大化」のキャリア戦略イメージ

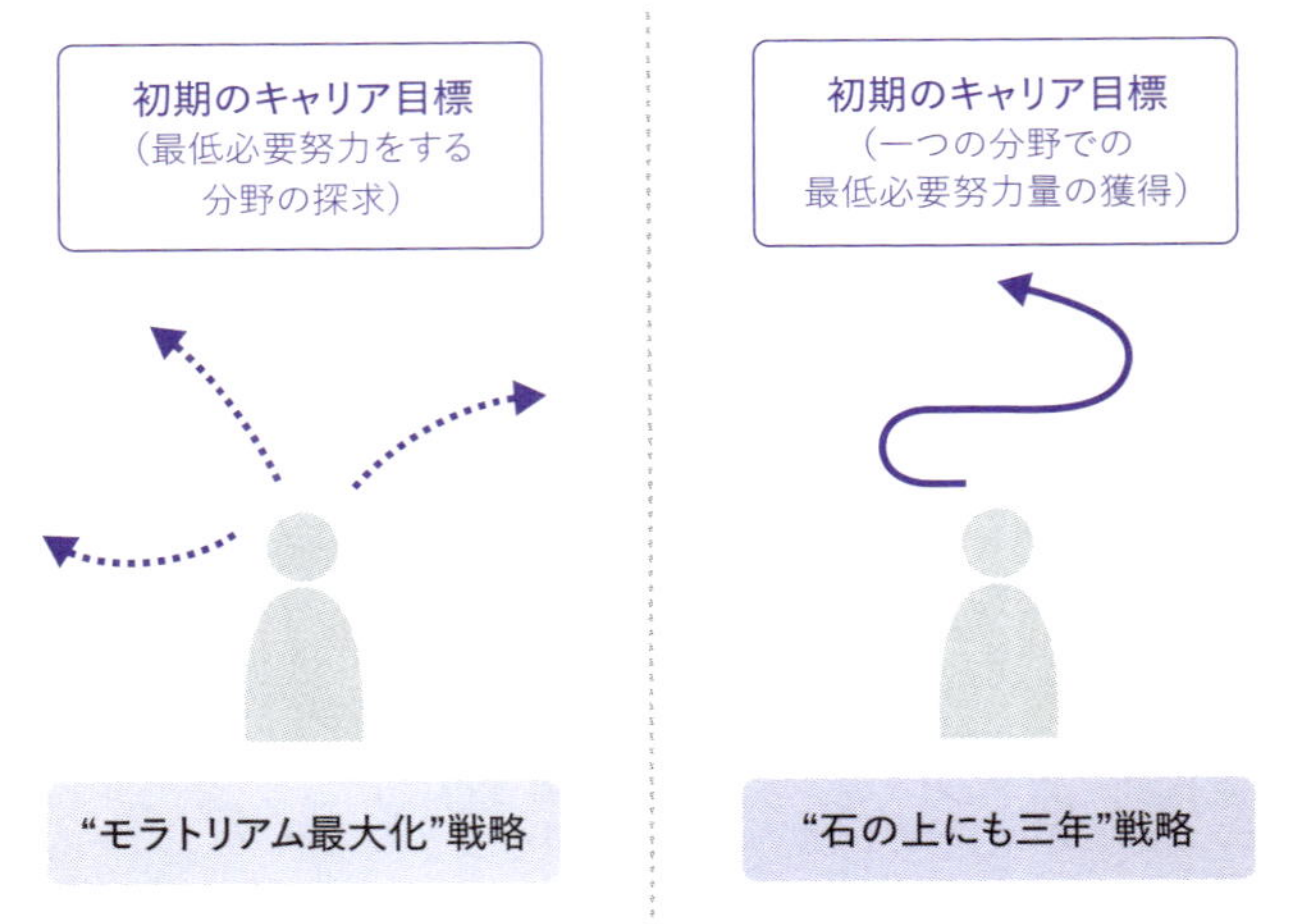

図表55　旧来型の“石の上にも三年”戦略と“モラトリアム最大化”戦略

そこでみなさんに私が提案するのが、**「寄り道と近道の働きかたのデザイン」**です。

様々な場の経験を活かしながら、過去の経験の意味を変えていくことで、最低必要努力量との距離を縮めてしまう(近道)。

小さく始めること、ずらして変えることで、意味がないかもしれないことも試して偶発性を担保する(寄り道)。

選択の時代とゆるい職場の時代という環境を活かし、「寄り道」で偶発性を確保しつつ、「近道」で最低必要努力量の早期獲得を目指す。

寄り道と近道のキャリア戦略イメージ

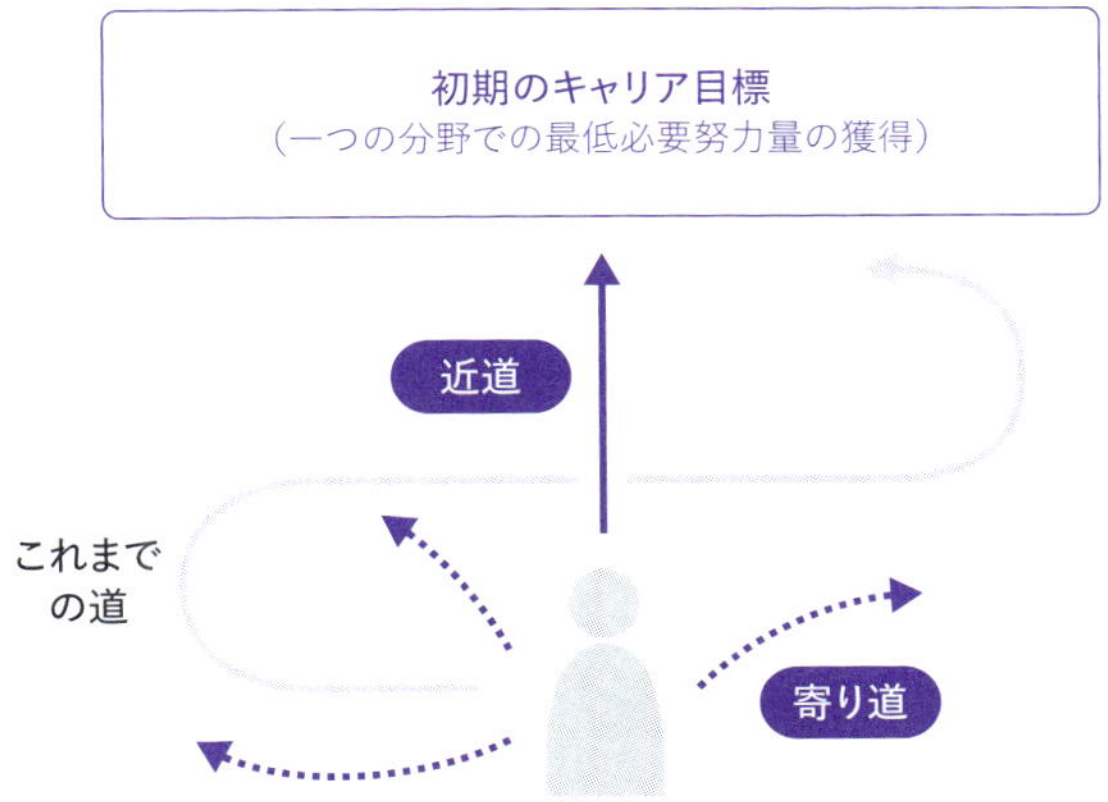

図表56 新しい寄り道と近道の働きかたのデザイン

「寄り道」と「近道」の性質

	「寄り道」	「近道」
目的	本人の合理性を超えた機会を組み込むこと	最低必要努力量の獲得を次の選択のタイミングまでに効果的に行うこと
バランスが悪いと起こる作用	寄り道ばかりでは、次の選択までの期間に選択権を得るための努力投資が間に合わない	近道ばかりでは、偶発性が担保できず稀少性が高まらないためにキャリアが安定しない
打ち手①	**スモールステップ** ・今の環境でできる小さなアクションの頻度を上げる ・ゴールテープを張る ・誰かに誘われたことをする	**キャンペーン** ・過去の経験を再発見する ・同時並行で行う ・キャンペーンを減らす
打ち手②	**コミットメントシフト** ・気持ち/時間/お金のポートフォリオで考える ・理想に向けて現在を“ずらす”	**意味づける(センシング)** ・パートナー/師匠を見つける ・誰かへのアドバイスで加速する
バランスさせることで起こること	「寄り道」により自身のキャリアの稀少性を上げつつ、「近道」によって納得のいく職業人生上の選択ができるように。この双方のバランスで、キャリアが「安定」する	
自分の良い変化を確認するためのポイント	①言い訳資本ができたか ②共感と違和感 ③不安や焦りを適度に感じたか ④焦りを感じる対象	

図表57　寄り道と近道の働きかたのデザイン

このバランスを取りながら双方を充実させていく。これこそが、「新しい安定」をつくるキャリアデザインです。

「寄り道」だけでは選択に間に合わなくなり、「近道」だけではキャリアの稀少性が上がりませんから、バランスを取りながらより高いレベルで両立していくことが望ましいと考えられます。

そこで、あなたの現在の「寄り道」度数と「近道」度数を把握できるチェックリストを作りました（図表58）。ここ最近（半年程度）の状況からあてはまるものにチェック

ここ最近（半年程度）で当てはまるものをチェック！

「寄り道」チェックポイント	「近道」チェックポイント
□誰かの話を聞いて、新たに始めた習慣がある	□目指したいロールモデルがいる
□行くつもりではなかったが、誘われて勉強会などに参加した	□仕事での目標を言葉にできる
□SNSなどで友人の活躍を見て、焦ることがある	□お互いのキャリアの話で盛り上がる友人・知人がいる
□会社での異動が頻繁にあると感じる	□仕事以外で自分の力を活かせる活動をしている
□試してみて、「やっぱりやめた」ことがある	□会社で自分が希望する仕事をしている
□「世界は狭い」より「世界は広い」と感じることが多い	□キャリアアップのために専門的な学習・トレーニングを受けている
□最近、時間の余裕が出てきた	□誰かから学んだことや習得したスキルを、職場で実践できる

図表58 寄り道と近道のチェックポイント

して、「寄り道」と「近道」のどちらが多かったか見てみましょう。バランスが重要ですので、「寄り道」が多かった人は「近道」が足りていない、「近道」が多かった人は「寄り道」が足りていないということです。

- **「寄り道」が「近道」より多い→「近道」のアプローチを増やす**
- **「近道」が「寄り道」より多い→「寄り道」のアプローチを増やす**
- **「寄り道」と「近道」が同数（互いに3個以下）→より豊かな両立を目指して「寄り道」か「近道」のアプローチを増やす**
- **「寄り道」と「近道」が同数（互いに4個以上）→現状を楽しむ**

なお、私は執筆時点でセルフチェックしたところ「近道」が多い状況でした。研究者で専門職ですし広がる機会が乏しいと自分でも薄々気が付いていましたが、次は「寄り道」のアプローチを増やして安定したキャリアをつくっていこうと思っています。

おわりに

この本の執筆がまさに終わろうとしている秋の夜、とある企業のみなさんとご飯を食べているとき、入社5年目の若手と部長さんが激しめな会話を始めました。

「部長、〝若手社員の力を伸ばすための新しい研修〟を受講しろと言われてやったんですが、本当にムダでした。今の仕事の分野の専門性をどんどん高めていきたいと思っているのに、半年間で合計60時間以上を費やしましたが、仕事とは全く関係ない話ばかりで」

「そういう意見が参加した若手から出ているのは知ってるよ。でも、いまはそう思うかもしれないけど、いつかは絶対に役に立つ。いまの社内にある経験だけではいずれ行き詰まるときが来るだろうから」

「でも本当にムダでした」

「うーん、そこまでか……」

この激論を聞いている際に、私はまず「いい会社だな……」と思い（こんなに率直に意見を言える組織文化が素敵ですよね）、加えて現代のキャリアデザインの難しさを痛感しました。

この研修プログラムですが、初めて開講されたもので、各部門のエース級の若手を集めて実施されたもののようです。また、経営トップの強い意志によって開始されたそう。おそらくですが、幹部のみなさんとしては、若手に対して「寄り道」を提供したかったのでしょう。今の仕事で培われつつある専門性に掛け算をするような、新しい分野のスキルを身につけて欲しい。そんな〝親心〟があったことが推察されます。しかし、若手にとってはそんなものは単なる「遠まわり」にしか見えなかったのです。

私はその会話を聞いていて、この会社の若手に本当に必要だったのは、「近道」なのだと感じました。次の選択のタイミングで豊かな選択肢を持つために必要な一定水準のスキルや経験、知見。こうしたものが提供されていない状態では、遠まわりに遠まわりを課すこの研修は逆効果だったのです。

ただ、部長さんが言っていたことも（タイミングが合わなかったとはいえ）キャリア

おわりに

形成上の一面の真実です。専門性の稀少性を上げなければ、早々に頭打ちとなってしまいますから、偶発性を組み込むことの有効性は実証されています。「近道」と「寄り道」を組み合わせて、バランスさせて、働きかたをデザインしていく。この発想こそが、みなさんの働きかたにとっても、企業の人事施策にとっても、重要となっていくでしょう。

もうひとつ〝王さん〟の話をさせてください。陽明学の開祖である王陽明という哲学者のことです。その王さんに弟子のひとりがこう言いました。

「毎日仕事に追い回されて、とても忙しくて学問している暇がありません」

王さんはこれに対して、

「誰が、毎日の仕事を離れて学問をしろと君に言ったのか。毎日の仕事から学ぶのが本当なのだ。日常の仕事のすべてがそのまま学問なのだ」[1]

この王さんの話は、「事上磨錬」という、実践によってこそ学ぼう、という考え方として知られています。あわせて私が最後に伝えたいのは、いろいろやりたくなるこの頃ですが、「目の前の仕事だけをがんばる」瞬間もありうる、ということです。そこにたくさんの意味を見出しているのであれば、それで十分なのです。ただ、これまでと違うのは、その状態がずっと続くわけではないということ。そして「仕事が忙しいから」というだけでは何の解決にもならないということです。その頑張っている仕事が自分にとって「近道」なのか「寄り道」なのか、考えて組み合わせながらライフキャリアを安定させていくのです。もちろん、その仕事が「近道」でも「寄り道」でもなかったり、バランスを著しく悪くしたりするのであれば、コミットメントを下げていく（あえてがんばらない）選択肢もあるのです。

〝可処分時間（自由な時間）で努力をする時代になってしまった〟ことが、本書の執筆の背景にあります。若手は皆、長時間にわたる会社の仕事を精一杯していればあとは何もしなくて良かった、という時代が法改正により終焉を迎えました。会社の仕事を〝していない〟時間に何をするのか、というこれまで全く考えなくて良かったことが職業人生のポイントとして浮上し、社会人生活のかなり早いタイミングで差を感じてしまうようになっています（入社前ですら大きな違いが生じ始めていることも本文でデータを用いて紹介しました）。私たちは、この残酷な世界に直面しています。

職業人生のあり方や労働環境といった、まわりの〝世界〟は大きく変わってしまいました。選択の回数が増え、ゆるい職場が顕在化し、会社があなたを育ててくれなくなった。この本は、そんな変わってしまった〝世界〟でどのように職業人生の最初の一歩目を踏み出すのか、ということを書いた入門書です。変わってしまった〝世界〟を元に戻すことはできません。その世界＝外部環境を活かした新たな働きかたを作り出していくことになります。しかし、本書で書いたような「新しい安定」を獲得するなかで、みなさんのまわりの世界の見え方は大きく変わっていくでしょう。「新しい安定」を得るための新しいキャリアデザインこそ、世界を変える可能性がある鍵なのです。

日本社会が人口動態の変化に起因する大きな転換点に立つなかで（私は別の研究で「令和の転換点」と言っています）、おそらく私たち自身にも新しい職業人生のあり方が必要です。人の育て方に関する1度目のイノベーションは20世紀初め、100年以上前に一部の企業が起こしました。いま、その1度目のイノベーションが歴史的使命を終えようとしています。2度目のイノベーションを起こすことができるのは、私たちだけかもしれません。

本書は、多くの方へ私が行ってきたインタビューやヒアリング、何気なく聞いた相談や会話、企業などでのディスカッション、そして定量調査やデータ分析、その他さまざまな調査・研究活動のなかから生まれたものです。まずは私に話をしてくれたみなさんに感謝申し上げます。また、本書の執筆にあたっては、旭化成株式会社の三木祐史さん、梅崎祐二郎さんとの協働研究や意見交換で着想することが多々ありました。リクルートワークス研究所の奥本英宏さん、大嶋寧子さんとのディスカッションがあって内容が奥深くなっていきました。また、大和書房の中山さんには、ご依頼を頂いてから長きにわたり原稿をお待たせしたにもかかわらず、倦まず見放さず、書籍化に向けて未来志向で適切なアドバイスをくださり、時に研究チックになりがちな私の文章を根気強く伝わるものとしてくださいました。この場を借りて改めて御礼申し上げます。

また、早朝に執筆をする私がうるさくしていても許してくれた（単に寝ていただけかもしれませんが）妻や娘たちに心からの感謝の気持ちを伝えたいと思います。

注釈

はじめに

1 なお、書籍版（NHKプロジェクトX制作班、2003、「プロジェクトX 挑戦者たち3」、76-77頁）には「（前略）岩井君たちがやったような冒険を、いまやれって言われても、もうできませんでしょうね」と当時の工事責任者の回顧が掲載される

Chapter 1 会社はあなたを育ててくれない

1 尾崎盛光、1967、『日本就職史』、文藝春秋
2 同書、18頁
3 江戸時代の商家奉公における育成手法に端を発したものである可能性があると考えられる
4 1958、『第一生命五十五年史』、第一生命保険相互会社
5 尾崎、1967、112頁
6 リクルートワークス研究所、大卒求人倍率調査
7 大久保幸夫、2002、『新卒無業。――なぜ、彼らは就職しないのか』、東洋経済新報社
8 これ以前では、一部学卒（中学・高校卒等）における就職活動に関する慣行や申し合わせの策定において政府が主導的な立場となることがある等、非常に限定的な立ち位置であった。また、戦前では国家総動員法体制下における労務調整令（1941）を代表として、政府が新卒者の就職先を決定するような仕組みが存在する時期が短期間だが存在していた
9 文部科学省が策定した2020年の学習指導要領の全体テーマが「生きる力」であった
10 広告代理店電通の新入社員であった髙橋まつりさんが長時間労働やパワーハラスメントを苦に自ら命を絶った
11 改正労働施策総合推進法の通称
12 正規雇用者と非正規雇用者の割合に年齢層による違いや経年変化がほとんど見られない
13 総務省、労働力調査
14 リクルートワークス研究所、全国就業実態パネル調査（以下、注釈においてJPSEDとも）を古屋分析。新卒入社1～3年目の正規社員。数値の比較を容易にするためここでは大卒以上を対象とした

15 リクルートワークス研究所、2023、大手企業管理職の若手育成状況調査。1000人以上規模企業で課長級管理職、29歳以下の部下の人事評価を行っている者対象。サンプルサイズ1083

16 リクルートワークス研究所、全国就業実態パネル調査を古屋分析。新卒入社1～3年目の正規社員。数値の比較を容易にするためここでは大卒以上を対象とした

17 アリストテレス、渡辺邦夫（翻訳）、『ニコマコス倫理学（上）』、光文社

18 本文で紹介している論の前の1970年に、日経ビジネス誌が「工場労働をきらう最近の若者の風潮からみても…」と述べているが、労働力人口について書かれた記事の一節に過ぎないため除いた（日経ビジネス1970年3月号、しのび寄る労働力高齢化の足音、18頁）

19 週刊労働ニュース、1974年11月11日、「男子　公務員、女子　マスコミ／高校生の就職したい業種」

20 日経ビジネス、1977年3月14日、「リポート――ビジネス社会を蝕む〝若年寄り〟社員。〝日本性未来閉塞症〟が向上意欲をそぐ」

21 日本経済新聞、1982年1月1日、「若者がつくる冗舌の世界――名文？迷文？異色の文体、反省期の日本語」

22 飯田一史は「若者の本離れ」言説の誤りをデータに基づいて喝破し、2000年以降書籍の平均読書冊数が小中学生で増進していることを指摘している。また、「70年代以降の高校生は難しい本を読んでいない」と学校読書調査の結果を用いて指摘している。山田昌弘編著、2023、『「今どきの若者」のリアル』、PHP新書

23 日本経済新聞、1986年3月23日、「新入社員の鍛え方――松下電器産業社長谷井昭雄氏（インタビュー焦点）」

24 この質問に対して、回答者の松下電器産業谷井社長（当時）は「若者はいつの時代も新人類だ。（中略）時代の変化を最も敏感に体現するのが若者だからだろう」と回答をされている

25 読売新聞、1986年9月28日、朝刊2面、「〝将来のための努力〟より〝毎日の生活〟「新人類」は安定志向／若者意識総務庁調査」

26 静岡新聞、1990年4月21日、朝刊21面、「風紋＝退屈な若者「知る」努力の欠如憂慮」

27 毎日新聞、1993年4月17日、朝刊8面、「［日本の課長］／58　新人研修「指示待ち世代」の難しさ」

28 リクルートワークス研究所、2022、「大手企業における若手育成状況検証調査」1000人以上企業、正規入社大卒以上、新卒1～3年目社員。集計にあたっては性別割付ウェイトを用いた

29 厚生労働省、労働力調査より。正規・非正規の分類がデータにないが、2013年に48・8％、2023年は50・

注釈

５%でありほぼ横ばいであることから、比較可能と判断し掲載した

30 リクルートワークス研究所、２０２１、「大手企業新入社会人の就労状況定量調査」。インターネット調査にて、２０２１年11月15日〜２０２１年11月22日実施。サンプルサイズ２６８０。対象：大学・大学院卒、就業年数３年未満、初職・現職が正規雇用者であり従業員数１０００人以上の企業就業者（サンプルサイズ９６７）。対照群として就業年数４-６年、8-12年、18-23年を同様の条件で聴取している（サンプルサイズ１７１３）。性別ウェイトを用い男女比が正規社員の人口動態と合致するよう集計した。入職時の就労状況を比較する観点から、各対象について初職１年目の状況につき聴取している（回顧法による調査には当然限界があるが、研究上の必要性から、基準の明確化など設問設計に配慮の上実施している）

Chapter 2「選択できる」ことは幸か不幸か

1 リンダ・グラットン、アンドリュー・スコット著　池村千秋翻訳、２０１６、『LIFE SHIFT（ライフ・シフト）』、東洋経済新報社

2 今野晴貴、２０１２、『ブラック企業――日本を食いつぶす妖怪』、文藝春秋

3 リクルートワークス研究所、全国就業実態パネル調査２０２４（JPSED2024）を古屋が分析した結果。回答時点で就業している者対象。ウェイトXa24を使用

4 JPSED2024より「学校に通った」「単発の講座、セミナー、勉強会に参加した」「通信教育を受けた」の合計。正規の職員・従業員を対象とした集計。ウェイトXa24を使用

5 リクルートワークス研究所、２０２０、高校卒就職当事者に関する定量調査。対象は就業年数２年以上、初職が正規雇用者である39歳までの就業者。高校卒と大学卒以上を調査している

6 JPSED2024より古屋集計。回答時点で就業している者対象。ウェイトXa24を使用

7 日本経済団体連合会、２０２２、副業・兼業に関するアンケート調査結果

8 JPSED2024を古屋が集計した結果。回答時点で就業している者対象。ウェイトXa24を使用

9 リクルートワークス研究所、全国就業実態パネル調査を用いて分析。対象は、初職が正規社員、大学卒で２０１０〜２０１７年に入職した者である。この対象者において、初職入社後の３年間で離職した者とそうでない者を分けて２０２１年調査段階でのキャリア形成に関する回答を分析した。サンプルサイズは２３５３

10 詳しくは、リクルートワークス研究所、２０２１、「３年未満で辞めた」大卒新入社員のその後を検証する――古屋星斗

Chapter 3 自分らしさと成長を両立するために

1 Festinger, L. (1957). Social comparison theory. Selective Exposure Theory, 16, 401. より、日本語訳は筆者による
2 Edmondson,1998
3 古屋星斗、２０２３、『なぜ「若手を育てる」のは今、こんなに難しいのか』、日本経済新聞出版、１０２頁
4 古屋星斗、２０２３、『なぜ「若手を育てる」のは今、こんなに難しいのか』、日本経済新聞出版、１０３－１０４頁
5 古屋星斗、２０２２、『ゆるい職場』、中央公論新社、98頁
6 古屋星斗・リクルートワークス研究所、２０２４、『「働き手不足１１００万人」の衝撃』、プレジデント社
7 古屋星斗、２０２３、『なぜ「若手を育てる」のは今、こんなに難しいのか』、日本経済新聞出版

Chapter 4 三年いても温まらない

1 Ericsson, K. A. (2008). Deliberate practice and acquisition of expert performance: a general overview. Academic emergency medicine, 15(11), 988-994.
Ericsson, K. A., Starkes, J., & Ericsson, K. (2003). Development of elite performance and deliberate practice. *Expert performance in sports: Advances in research on sport expertise*, 49-83. など
2 金井壽宏、２００２、『働くひとのためのキャリア・デザイン』、ＰＨＰ研究所
3 エリクソン教授はその効率を上げるため、ＤＰ（Deliberate Practice）：意図的な練習が重要であるともしています
4 古屋星斗、２０２３、『なぜ「若手を育てる」のは今、こんなに難しいのか』、日本経済新聞出版 書籍帯等にも記載

Chapter 5 巨人の肩の上に乗る

1 二宮祐、２０１５、総合検査ＳＰＩの開発経緯－１９６０年代から１９９０年代までを対象として－、大学教育研究ジャーナル第12号に開発経緯やその理論的背景について詳しい
2 リクルートワークス研究所、２０２４、『新しいキャリア論ハンドブック』、24頁 大嶋寧子による分析
3 田中は一般社団法人プロティアン・キャリア協会の代表理事も務める
4 大久保幸夫、２０１６、『キャリアデザイン入門１第2版 基礎力編』、日本経済新聞出版社
5 Mitchell, K. E., Al Levin, S., & Krumboltz, J. D. (1999). Planned happenstance: Constructing unexpected career

opportunities. Journal of counseling & Development, 77(2), 115-124.

6 J.D.クランボルツ・A.S.レヴィン著　花田光世・大木紀子・宮地夕紀子訳、2005、『その幸運は偶然ではないんです！』、ダイヤモンド社

7 Krumboltz, J. D. (2009). The happenstance learning theory. *Journal of career assessment*, 17(2), 135-154.

8 Krumboltz, J. D. (2015). Practical career counseling applications of the happenstance learning theory. In P. J. Hartung, M. L. Savickas, & W. B. Walsh (Eds.), *APA handbook of career intervention, Vol. 2. Applications* (pp. 283–292). American Psychological Association.

9 「複数の社会空間を越境し、個人の行為主体性に特徴づけられ、個人に意味をもたらす、長期的な時間の経過に伴う多様なパターンを反映したキャリア経験の蓄積」(Van der Heijden and De Vos による定義を石山が訳したもの)
石山恒貴、2024、「サステナブルキャリアに基づく能力開発とキャリア形成の個人視点からの再検討」日本労働研究雑誌、66（763 特別号）、30－39頁

10 代表的なものとして以下。
北村雅昭、2022、『持続可能なキャリア――不確実性の時代を生き抜くヒント』、大学教育出版
石山恒貴、2024、『サステナブルキャリアに基づく能力開発とキャリア形成の個人視点からの再検討』、日本労働研究雑誌、66（763 特別号）、30－39頁

11 自らが「準拠している状況」と「その他の状況」を分ける境界を往還し、そこから学びを得ること。石山恒貴、2018、『越境的学習のメカニズム：実践共同体を往還しキャリア構築するナレッジ・ブローカーの実像』、福村出版

Chapter 6 スモールステップを刻む

1 リクルートワークス研究所、2020、若手社会人のキャリア形成に関する実証調査。対象は、就業経験を3年以上保有する29歳以下の個人。初職正規社員、大学卒・大学院卒。性別（男・女）及び居住地（都市部・その他）による割り付けを行った

2 「就職してから3年目までに、次のような情報をどの程度キャリアづくりの参考にしていましたか」の質問において、「参考にしていた」「どちらかと言えば参考にしていた」と回答した者の合計。5件法

3 「就職してから3年目までに、以下のような活動についてどの程度行いましたか」の質問において、「非常によく行

った」「よく行った」と回答した者の合計。５件法

4 情報量、行動量についてそれぞれ8問と15問の対応する設問をスコア化し、情報量スコアは50%点を、行動量は75%点を基準点としたグループ

5 キャリアの見通しや仕事の意欲について5件法で聞いた各複数の質問について因子分析を行い、得た因子をその特徴に応じて定義したもの。スコアが高いほど、自己のキャリアに対する展望や仕事に対する意欲等が高い、ポジティブなキャリア状態にある

6 全項目について統計的に１％水準で有意な結果

7 キャリアの見通しや満足感について5件法で聞いた９つの質問について因子分析を行い、得た二つの因子をその特徴に応じて定義したもののうちの一つ。因子負荷量が高い質問に「自身のキャリアの見通しが明確である」等

8 実践矢印は全ての変数に強い関係（有意水準１％水準）が見られた変数、破線矢印は一部の変数に一定以上の関係（同５％以上）が見られた変数

9 リクルートワークス研究所、２０２０、若手社会人のキャリア形成に関する実証調査結果報告書　60頁など

10 現在のキャリア展望因子得点（「今後のキャリアの見通しが開けている」「これからのキャリアや人生について、前向きに取り組んでいける」等設問の合成変数）を被説明変数とする重回帰分析の結果。制御変数として、初期３年の情報取得に関する合成変数、仕事に対するマインドセットに関する合成変数（ポジティブフレームスコア）、属性変数（現年収、現職規模、労働時間、年齢、性別、居住地）を導入したモデル

11 リクルートワークス研究所、全国就業実態パネル調査２０２４による

12 構造方程式モデリングによる分析結果を簡易化したもの。数値は標準化回帰係数。１％水準で有意な結果を表記。性別、初職企業規模をダミー変数として制御している。現職就業形態を被雇用者に限定。分析の詳細は以下に記載
https://www.works-i.com/research/project/youthcareer/column2020/detail005.html
また、以下拙稿でほぼ同様のモデルで、「越境」の実施に対してより精緻な分析を実施しているので関心がある人はお読み頂きたい
古屋星斗、２０２１、「若手社会人の越境実施への自社における活動の影響――ポジティブフレーミングを媒介として――」、経営行動科学、33（1－2）、25－37頁
構造方程式モデリングによる分析。性別・初職企業規模をダミー変数として制御している。N=1884（現職就業形態：

注釈

雇用者に限定)。CFI=0.972 TLI=0.967 RMSEA=0.041(upper bound 0.043)

13 株式会社リクルートと法政大学の共同調査、2024、「副業実施者の8割が受動的に初めての機会獲得、本業外の学習がカギ ——非金銭動機の正社員における副業実施要因に関する法政大学との共同研究を発表」https://www.recruit.co.jp/newsroom/pressrelease/assets/20240305_work_02.pdf

Chapter 7 「キャンペーン」の集合でつくる

1 大木毅、2019、『独ソ戦』、岩波書店　第四章第二節がわかりやすい。戦略と戦術をつなぐ作戦術とする

2 日本語では「戦役」。戦争(全体)-戦役-作戦(個別の部分)と位置付けられる

3 石山恒貴・片岡亜紀子・北野貴大、2024、『キャリアブレイク——手放すことは空白(ブランク)ではない』、千倉書房、11頁。また、以下の論文も参照のこと。片岡亜紀子・石山恒貴、2016、「キャリアブレイクを経験した女性の変容——パソコンインストラクターを対象とした実証研究——」、産業カウンセリング研究、2016年18巻1号 9-24頁

4 詳しくは、以下論稿等を参照。木谷智子、岡本祐子、2018、「自己の多面性とアイデンティティの関連——多元的アイデンティティに注目して——」、青年心理学研究、29(2)、91-105頁

5 日本経済団体連合会の調査によると、2013年に全企業規模で25・1%だった副業・兼業を認めている企業の割合は2022年に53・1%と、10年弱で倍増した

6 ワークス1万人調査(2023)より。「以下の質問を読んで最もあてはまるものを選んでください」として聞いた。「そう思う」~「そう思わない」のリッカート尺度・5件法で聞いた

7 「現在、あなたは生活全般について、満足している」について、リッカート尺度・5件法の「あてはまる」~「あてはまらない」において上位2肢(「あてはまる」「どちらかというとあてはまる」)を回答した者の割合

8 なお、ワークス1万人調査では、説明変数と被説明変数の時点を分けて実施しており、コモンメソッドバイアスの問題は生じない設計となっている。キャリアの仮面スコアに関する設問はtime1、満足度に関する設問はtime2で実施している

9 少なくとも2問で「どちらかと言えばそう思う」、もしくは1問は「そう思う」と答えた回答者である

10 就業形態について、「家族従事者」と「内職」はサンプルサイズが小さく当該集計から除いた

11 労働力調査を分析した日経新聞記事によれば、2022年で男性の労働時間は25~34歳が45~54歳と比べて3・7

%短くなっている。過去との減少率も若年層ほど大きい
日本経済新聞、２０２３年８月17日、朝刊５面、「労働時間、若手ほど短縮　働き方見直しに世代差　13年比減少率、25～34歳８・６％　45～54歳は５・７％」

12 ライフ満足スコアは、「現在、あなたは生活全般について、満足している」「現在、あなたは幸せである」「あなたはこれまでの人生について、満足している」「現在、あなたは家族や家庭の状況について、満足している」の設問（リッカート尺度・５件法）により構成される潜在変数

13 このため、当該分析の対象は正規の職員・従業員とした。なお組織コミットコメントについては情緒的コミットメントを想定し観測変数とした。「この会社の一員であることを誇りに思う」「この会社のメンバーであることを強く意識している」「この会社に多くの恩義を感じる」

14 リッカート尺度・５件法

15 統制変数として、年齢・性別（女性ダミー）・最終学歴（大卒以上ダミー）、所属企業規模（１０００人以上ダミー）・所得・週労働時間、BIGFIVEより神経症傾向スコアを導入した。BIGFIVEについては以下より引用し実施した。
小塩真司、阿部晋吾、２０１２、「日本語版 Ten Item Personality Inventory (TIPI-J) 作成の試み」、パーソナリティ研究、21（1）、40－52

16 構造方程式モデリングによる分析を実施した。
※１ 数値は標準化回帰係数を示す。双方向矢印は共分散。
※２ 本モデルとデータの適合度は$\chi^2(154)=1483.80$,CFI=.953,TLI=.942,SRMR=.056, RMSEA=.044(upper bound .046)。サンプルサイズは４４００。
※３ 実際の分析モデルには、推定に必要な各観測変数の誤差変数及び内生成性を持つ各潜在変数における攪乱変数が含まれているが、図を明瞭にする観点から表示しない。
※４ また、同じ潜在変数を構成する項目の誤差項間および同一の質問項目である越境実施スコア間に限り共分散を追加したが表示は省略した。
※５ 統制変数の回帰係数や有意水準は省略した。
※６ *** $p<0.001$

17 厳密には部分媒介であり、ライフ満足を直接増加させ、キャリア不安の軽減を通じて更にライフ満足を増加させていた

注釈

18 島津明人、2014、「ワーク・ライフ・バランスとメンタルヘルス――共働き夫婦に焦点を当てて」、日本労働研究雑誌、653、75-84

Chapter 8 〝合理性〟を超えるために

1 高橋俊介、2003、『キャリア論――個人のキャリア自律のために会社は何をすべきなのか』、東洋経済新報社

2 玉突き人事の内実を活写した書籍に以下があります。藤井薫、2023、『人事ガチャの秘密』、中央公論新社

3 BBC、2022年1月27日、"The rise of the anti-work movement"、2023年12月8日閲覧
https://www.bbc.com/worklife/article/20220126-the-rise-of-the-anti-work-movement

4 引用元原文は以下のとおり。日本語訳は私によるもの。“'Many workers are fed up with work... There may be some movement toward a conscious and not just visceral rejection of work,' writes Black, suggesting people do only necessary work and devote the rest of their time to family and personal passions.”

5 ここでは、「仕事とはそもそも辛いものであり、そこに楽しさを見出すことは困難だ」という設問に対して、「そう思う」「どちらかといえばそう思う」と回答した者

6 中学校、高校、高等専門学校、専門学校・各種学校、短期大学卒業

7 大学、大学院修士課程、大学院博士課程卒業

8 現職従業員規模が正規・非正規合わせて1000人以上の者

9 年間所得は副業・兼業からの収入を含め、賞与・ボーナスも含めた数値。週労働時間は「ここ数か月の平均的な1週間の労働時間」として回答を得た。複数の仕事をしている場合にはその合計。異常値を除外するため、週20時間以上、60時間以下の回答者で集計

10 ここでは、Shimazu et al, 2008より「仕事をしていると、活力がみなぎるように感じる」「職場では、元気が出て精力的になるように感じる」「仕事は、私に活力を与えてくれる」等の項目の因子負荷量が高い因子を用いた。
Shimazu, A., Schaufeli, W. B., Kosugi, S. et al. (2008). Work engagement in Japan: Validation of the Japanese version of Utrecht Work Engagement Scale. Applied Psychology: An International Review, 57, 510-523.

11 ここでは、「現在、あなたは今の仕事に満足している」「私が担当している仕事はだんだんレベルアップしていると感じる」「私は将来の仕事における自分をイメージできる」「私は将来の仕事で、どのような可能性があるかを考え

ている」の設問（リッカート尺度、5件法）に対する最尤法・プロマックス回転による因子分析において因子負荷量の高かった因子を仕事満足度因子と呼称

12 「自分のキャリアにおいて、これまで成し遂げたこと」「自分の目標とするキャリアに向けた、これまでの進み具合」「自分の目標とする将来の収入に向けた、これまでの収入の増え具合」「自分の目標とする社会的な地位に向けた、これまでの進み具合」「自分の目標とする新しい技術・技能の獲得に向けた、これまでの進み具合」に対して、リッカート尺度、5件法（満足している〜不満である）の回答を最尤法・プロマックス回転による因子分析の結果として1因子で分析したもの。Spurk, Abele & Volmer,2011を参考にリクルートワークス研究所にて邦訳 Spurk, D., Abele, A. E., & Volmer, J. (2011). The career satisfaction scale: Longitudinal measurement invariance and latent growth analysis. Journal of Occupational and Organizational Psychology, 84(2), 315-326.

13 なお、先に「全年代の結果でもほぼ同様であった」旨記載したが、このキャリア進捗満足スコアのみ20歳代と全年代合計で差異が見られ、全年代合計ではほとんどスコアに違いがなかった

14 大企業在職者が多いことによる影響が一定程度ある点に留意が必要

15 リクルート・Indeed「グローバル転職実態調査2023」を分析した、株式会社リクルート　特任研究員　高田悠矢による発表「健全な雇用流動化とリスキリング再考」（2023年12月）より

Chapter 9「組織との新しい関係」を築く

1 なお、社員のキャリア自律性が高まると離職意思が高まるという関係について、各種研究からは否定的に考えられている。参考：伊達洋駆、2023、「キャリア自律を促すと離職につながるのか」、WEB労政時報　https://www.rosei.jp/readers/article/84137

2 古屋星斗、2023、『なぜ「若手を育てる」のは今、こんなに難しいのか』、日本経済新聞出版社、208頁ほか

3 表記年末の時点で「1年以内に転職した」者のうち、その前年末の段階で以下の理由で副業を行っていた者の割合。「転職や独立の準備のため」「新しい知識や経験を得るため」「様々な分野の人とつながり、人脈を広げるため」「自分の知識や能力を試してみたいため」「社会貢献したいため」
金銭目的の副業（生活費目的や遊興費目的）については、〝キャリアのコミットメントを移していく〟という性質が極めて薄いことから除外したため、「転職・起業目的」や「能力を高める」「人脈を広げる」などの〝キャリア目的の

注釈

副業〟を行っている人が対象となる。なお、副業先に転職したか否かについては本調査では観測できないが、転職する前段階において「前職と異なる仕事に取り組んでいたことで、新しい職へ移行するステップが存在していた」点は転職先を問わない共通の事実である点を重要とし対象を抽出している。

4 2023年12月時点で就業していた者のうち、直近1年に転職した、25〜39歳の者に限定して分析。サンプルサイズは1500

5 古屋星斗、2020、「転職がなくなるとき。6・6%の『コミットメントシフト』が生んだ、新しい転機」https://www.works-i.com/column/works04/detail023.html

6 異常値を除外するため、200万円未満と2000万円より大きい回答を除外した

7 eNPSを使用（「あなたは家族や親しい友人に、いま働いている会社で働くことをどのくらい薦めますか」という質問への回答。0点が最低点、10点が最高点）。なお、「経験した」は就職後の経験に限定

Chapter 10「新しい安定」を実現する働きかたのデザイン

1 他方、伝説の剣を抜けなかった者がその後〝勇者〟となった作品の例に山田鐘人・アベツカサによる『葬送のフリーレン』（小学館）がある

2 ユーリア・エンゲストローム著　山住勝広ほか訳、1999、『拡張による学習 活動理論からのアプローチ』、新曜社、6頁

3 ヴィゴツキー著　柴田義松・宮坂琇子訳、2006、『ヴィゴツキー障害児発達・教育論集』、新読書社、164頁

4 詳しくは、古屋星斗、2022、『ゆるい職場』、中央公論新社、85頁〜参照

5 リクルートワークス研究所、2022、「大手企業における若手育成状況検証調査」。現在の状況について自分の気持ちに最も近いものを選ぶ設問中の「不安だ」に対し、「あてはまる」と回答した者の割合

6 M. Csikszentmihalyiの論を元に、リクルートワークス研究所フェロー大久保幸夫のキャリアデザイン論をふまえて作成

7 Mrs. GREEN APPLE、2022、ダンスホール

8 三谷宏治氏（K・I・T虎ノ門大学院教授）が自身のキャリアを振り返ってこの言葉で紹介している

おわりに

1 王陽明著　溝口雄三訳、2005、『伝習録』、中央公論新社、守屋洋、1989、『新釈伝習録』をもとにした

古屋星斗　ふるや・しょうと
リクルートワークス研究所主任研究員。2011年一橋大学大学院社会学研究科修了。同年、経済産業省に入省。産業人材政策、投資ファンド創設、福島の復興・避難者の生活支援、政府成長戦略策定に携わる。17年より現職。労働供給制約をテーマとする2040年の未来予測や、次世代社会のキャリア形成を研究する。一般社団法人スクール・トゥ・ワーク代表理事。法政大学キャリアデザイン学部兼任教員。著書に『ゆるい職場――若者の不安の知られざる理由』（中央公論新社）、『なぜ「若手を育てる」のは今、こんなに難しいのか』（日本経済新聞出版）など

会社《かいしゃ》はあなたを育《そだ》ててくれない
「機会《きかい》」と「時間《じかん》」をつくり出《だ》す働《はたら》きかたのデザイン

2024年12月1日　第1刷発行
2025年2月1日　第3刷発行

著　者　古屋星斗《ふるやしょうと》
発行者　佐藤 靖
発行所　大和《だいわ》書房　東京都文京区関口1-33-4
電話03(3203)4511
装　丁　西垂水敦（krran）
本文デザイン・DTP　髙井 愛
装　画　ながたなつき
校　正　ツタヤノブコ
編　集　中山淳也
本文印刷　中央精版印刷
カバー印刷　歩プロセス
製　本　小泉製本

ISBN 978-4-479-79812-5

https://www.daiwashobo.co.jp